新版 中国面面谈 第一册 听力与口语
新版 中國面面談 第一册 聽力與口語

Discussing Everything Chinese
Second Edition, Part 1
Listening and Oral Expression

邓立立 **Lili Teng Foti, Ph.D.** 鄧立立
李戎真 **Rongzhen Li**
with
王郁林 **Yu-lin Wang**
罗伟瑄 **Wei-Hsuan Lo** 羅偉瑄

MyChineseClass LLC

前言

感谢各大学校十多年以来对这套教材的支持。一如初版时所秉持的信念，我们希望循序渐进地提高学生的听说和读写能力，也希望学生通过教材中详细的词语例句和语法解释，有效做好课前准备和课后复习，使课堂时间得以充分应用于语言实践和课堂互动。我们将语言学习与文化、生活结合，并鼓励学生与同侪不断切磋、探索，相互激发学习的动力。在编写上，我们除致力于与二年级教材的衔接，也力求每一课新学的重要词汇和语法在听力、课文、例句、练习、课堂讨论中以及随后的单元中反复出现。

新版教材的一二册保留了旧版上册原有的十一课课文，只在必要处做了小幅度的更新。我们另添了新的三课，将新写的"平凡人与富二代"与"民主与现代生活"这两课分别置于原有的"中国的民间组织与民间活动"之前与之后，并在"中国的摇滚歌手崔健"后加上"艺术的影响力"做为第二册的最后一课。这三课的设计有两个目的，一是带进新的时事与话题，二是大量运用前后课的生词，帮助学生更有效地循环练习与吸收。

在架构上，新版详细列出了听力、课文、生词例句、语法例句中曾于前课出现过的生词。一是方便学生预习、复习，不断强化他们汉字和词汇的学习。二是方便老师们针对学生的需要选择使用其中几课，不需担心跳过某课会出现无法衔接的问题。同时，我们也在新版的听力练习后列出对话的文本供学生和老师们参考，并强化了听力练习之后的口语讨论。另外，我们设计了十四个小剧，以课文中出现过的生词做为连结，延申出简短的故事，经由小剧让学生轻松自然地学会动作动词，并培养他们成段叙述的能力。除此之外，我们在学生进入课文的阅读之前，设计了暖身活动，并在每课之后，补充文化讲解并提供相关的真实语料。课后习题方面，除原有的题型之外，新编的听力生词、课文第一部分生词、第二部分生词练习将方便学生分阶段复习。汉字练习单元，将帮助学生更有系统地记忆汉字，并强化汉语的字本位概念。

在此，我们要感谢合理大学罗云、何宝璋、郝稷老师以及卫斯理大学赵薇娜老师给予新版的建议、布朗大学汪洋老师在课文编写上的参与，以及耶鲁大学张永涛老师为新版作业本阅读练习所提供的底稿。感谢耶鲁大学何墨修以及卫斯理大学苗丽兰同学为我们做英文编辑，以及加州大学圣地亚哥分校陈珮嘉老师夫妇提供照片素材。更要感谢的是冯禹老师、白瑞戈、何宝璋、胡文泽、刘月华、李爱民老师等在任教哈佛大学时曾给过的引领，以及维廉大学的顾百里老师、张曼荪老师与台湾师大华研所师长的提携。最后，感谢卫斯理大学刘元珠老师一路上的支持和鼓励，也谢谢她让新版一二册在 2017 年有试用、改正的机会。

对于此教材的不足之处，还望各位老师、同行不吝指正，多提宝贵意见。

编者　2018 年 7 月

前言

　　感謝各大學校十多年以來對這套教材的支持。一如初版時所秉持的信念，我們希望循序漸進地提高學生的聽說和讀寫能力，也希望學生通過教材中詳細的詞語例句和語法解釋，有效做好課前準備和課後複習，使課堂時間得以充分應用於語言實踐和課堂互動。我們將語言學習與文化、生活結合，并鼓勵學生與同儕不斷切磋、探索，相互激發學習的動力。在編寫上，我們除致力於與二年級教材的銜接，也力求每一課新學的重要詞匯和語法在聽力、課文、例句、練習、課堂討論中以及隨後的單元中反復出現。

　　新版教材的一二冊保留了舊版上冊原有的十一課課文，只在必要處做了小幅度的更新。我們另添了新的三課，將新寫的"平凡人與富二代"與"民主與現代生活"這兩課分別置於原有的"中國的民間組織與民間活動"之前與之後，并在"中國的搖滾歌手崔健"後加上"藝術的影響力"做為第二冊的最後一課。這三課的設計有兩個目的，一是帶進新的時事與話題，二是大量運用前後課的生詞，幫助學生更有效地循環練習與吸收。

　　在架構上，新版詳細列出了聽力、課文、生詞例句、語法例句中曾於前課出現過的生詞。一是方便學生預習、複習，不斷強化他們漢字和詞匯的學習。二是方便老師們針對學生的需要選擇使用其中幾課，不需擔心跳過某課會出現無法銜接的問題。同時，我們也在新版的聽力練習後列出對話的文本供學生和老師們參考，并強化了聽力練習之後的口語討論。另外，我們設計了十四個小劇，以課文中出現過的生詞做為連結，延申出簡短的故事，經由小劇讓學生輕鬆自然地學會動作動詞，并培養他們成段敘述的能力。除此之外，我們在學生進入課文的閱讀之前，設計了暖身活動，并在每課之後，補充文化講解并提供相關的真實語料。課後習題方面，除原有的題型之外，新編的聽力生詞、課文第一部分生詞、第二部分生詞練習將方便學生分階段複習。漢字練習單元，將幫助學生更有系統地記憶漢字，并強化漢語的字本位概念。

　　在此，我們要感謝合理大學羅雲、何寶璋、郝稷老師以及衛斯理大學趙薇娜老師給予新版的建議、布朗大學汪洋老師在課文編寫上的參與，以及耶魯大學張永濤老師爲新版作業本閱讀練習所提供的底稿。感謝耶魯大學何墨修以及衛斯理大學苗麗蘭同學爲我們做英文編輯，以及加州大學聖地亞哥分校陳珮嘉老師夫婦提供照片素材。更要感謝的是馮禹老師、白瑞戈、何寶璋、胡文澤、劉月華、李愛民老師等在任教哈佛大學時曾給過的引領，以及維廉大學的顧百里老師、張曼蓀老師與臺灣師大華研所師長的提攜。最後，感謝衛斯理大學劉元珠老師一路上的支持和鼓勵，也謝謝她讓新版一二冊在 2017 年有試用、改正的機會。

　　對于此教材的不足之處，還望各位老師、同行不吝指正，多提寶貴意見。

編者　2018 年 7 月

Preface

Same as in the previous edition, we hope that this textbook promotes active learning in students through exploration both in the classroom and after classes. Following the ACTFL guidelines of foreign language teaching, we bring Communication, Cultures, Connections, Comparison and Community to the center of our design and use a variety of topics and class activities to engage learners. In the course of helping learners develop advanced language skills, we integrated activities in listening, speaking, reading and writing. We provide clear notes and rich sample usages while constantly reviewing and reinforcing vocabulary and patterns in different contexts and activities.

In this new edition, we kept the topics of the first eleven lessons from the previous version but made small modifications to the dialogues and texts so they are more up to date and relevant. Three new topics are added: *Ordinary People and Children of the Elite* (Lesson 4), *Democracy and the Modern Life* (Lesson 6) and *Influence of Contemporary Arts* (Lesson14). This made both Part 1 and Part 2 of this new edition contain seven topics. Adding these three new lessons allows students to discuss more current topics. It also better distributes the amount of new vocabulary across each lesson and creates new contexts for the students to review and practice them.

Notes of reviewed vocabulary from pervious lessons are added to the listening dialogues, reading texts, sample sentences and workbook exercises. This will make it easier for students to preview and review each lesson. At the same time, it will give instructors flexibility to select or shuffle the lessons to best fit their needs. We also included the transcripts of the dialogues at the end of the listening section and added more speaking activities related to the students' daily life. We also filmed a skit for each lesson to teach action verbs and narrative abilities and added warm-up activities, culture notes and authentic materials to each topic. In the workbook, vocabulary exercises are given in chunks to help students review vocabulary in corresponding stages. Exercises in Chinese characters are also given to help student memorize them more systematically and to strengthen their concept of character-based lexicon learning.

We would like to give our thanks to Claudia Ross, Baozhang He, Ji Hao from College of the Holy Cross and Weina Zhao from Wellesley College for their suggestions to the revision, Yang Wang from Brown University for her contribution to the texts, and Yongtao Zhang from Yale University for his contribution to the reading exercises. We also like to thank our students Matt Coffin from Yale University and Laurel Stickney from Wellesley University for their help in English editing, and Pei-chia Chen from U.C. San Diego and her husband for the graphic materials.

Many thanks to Lili's professors from the Graduate Institute of Chinese as a Second Language at National Taiwan Normal University, her colleagues and teachers Neil Kubler, Cecilia Chang from Williams college, Yu Feng, Baozhang He, Wenze Hu, Aimin Li, Yuehua Liu, and Craig Butler from Harvard University for their guidance and Prof. Ruby Y.C. Lam from Wellesley University for her support and making it possible to test-use the new version. Any errors in this book are the responsibility of authors.

The publication of this book wouldn't be possible without the understanding of our families. We deeply appreciate their love and support.

The authors, July 2018

目录 (目錄) Table of Contents

第四课　平凡人与富二代/平凡人與富二代
Lesson 4: Ordinary People vs. Children of the Elite　　74

第五课　中国的社会组织与民间活动/中國的社會組織與民間活動
Lesson 5: Social Organizations and Activities in China　94

第六课　民主与现代生活/ 民主與現代生活
Lesson 6: Democracy and Modern Life　　112

第一课　中国人眼里的英雄/中國人眼裡的英雄

听录音回答问题 (聽錄音回答問題) Listening Comprehension

对话一 (對話一) Dialogue 1:

Listen to this conversation between a teenager girl and her father and answer the multiple choice questions. Try to learn new words from context clues. The vocabulary you learn in this dialogue will help you comprehend the reading text in the later section.

职业 | 球员 | 赚钱 | 球队 | 球赛 | 场

職業 | 球員 | 賺錢 | 球隊 | 球賽 | 場

zhíyè | qiúyuán | zhuànqián | qiúduì | qiúsài | chǎng

生词复习 (生詞複習)

- 年轻 | 年輕 | niánqīng | young
- 篮球 | 籃球 | lánqiú | basketball
- 足球 | 足球 | zúqiú | soccer
- 加油 | 加油 | jiāyóu | to refuel; Go! go! (when cheering for the games); hold on there and do your best (when cheering a person)

- 活动 | 活動 | huódòng | activities
- 运动 | 運動 | yùndòng | to exercise; exercises; sports
- 希望 | 希望 | xīwàng | to hope; hope (n.)

根据对话一回答问题

- 对话中说到的麦可乔丹(Màikě Qiáodān) 是做什么的？
- 女儿的学校有什么样的球队？人多吗？常有活动吗？
- 爸爸为什么说他"打不动了"？女儿后来怎么让爸爸决定跟她一起去打球的？

你的看法

- 你喜欢什么运动？你从什么时候开始玩这项(xiàng)运动?你觉得老了以后，你还会玩这项运动吗？
- 说一说你或你认识的朋友参加过的球队。你的球队或其他运动队有比赛的时候，你希望父母来为你加油吗？为什么？

(繁體 Traditional characters)

根據對話一回答問題

- 對話中說到的麥可喬丹(Màikě Qiáodān) 是做什麼的？
- 女兒的學校有什麼樣的球隊？人多嗎？常有活動嗎？
- 爸爸為什麼說他"打不動了"？女兒後來怎麼讓爸爸決定跟她一起去打球的？

你的看法

- 你喜歡什麼運動？你從什麼時候開始玩這項(xiàng)運動?你覺得老了以後，你還會玩這項運動嗎？
- 說一說你或你認識的朋友參加過的球隊。你的球隊或其他運動隊有比賽的時候，你希望父母來為你加油嗎？為什麼？

对话二 (對話二) Dialogue 2:

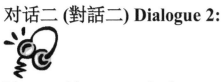

Listen to this conversation between two friends about an incident and answer the multiple choice questions. Try to learn new words from context clues. The vocabulary you learn in this dialogue will help you comprehend the reading text in the later section.

不幸 | 车祸 | 去世 | 孤儿 | 一生
不幸 | 車禍 | 去世 | 孤兒 | 一生
bùxìng | chēhuò | qùshì | gūér | yī sheng

生词复习 (生詞複習)

- 关心 | 關心 | guānxīn | to have concern of; concerns
- 认为 | 認為 | rènwéi | to think (when stating an opinion)

- 发生 | 發生 | fāshēng | to occur; to happen
- 影响 | 影響 | yǐngxiǎng | to influence; influence
- 准备 | 準備 | zhǔnbèi | to prepare; preparation
- 注意 | 注意 | zhùyì | to pay attention to

根据对话二回答问题

- 我们可以从对话里知道，小丽发生了什么事？

- 说话人觉得这件事对小丽会有什么样的影响 ？ 他们准备怎么帮小丽？

你的看法

- 在很多地方，人们得二十一岁以后才可以喝酒。你觉得这样好吗？为什么？如果你和好朋友一起喝酒，你们会开车回家吗？为什么？如果不开车回家，该怎么办？
- 说一说，大多数的车祸是怎么发生的？发生车祸以后，该注意哪些事情？

(繁體 Traditional characters)
根據對話二回答問題
- 我們可以從對話裡知道，小麗發生了什麼事？
- 說話人覺得這件事對小麗會有什麼樣的影響？他們準備怎麼幫小麗？

你的看法
- 在很多地方，人們得二十一歲以後才可以喝酒。你覺得這樣好嗎？為什麼？如果你和好朋友一起喝酒，你們會開車回家嗎？為什麼？如果不開車回家，該怎麼辦？
- 說一說，大多數的車禍是怎麼發生的？發生車禍以後，該注意哪些事情？

对话三 (對話三) Dialogue 3:

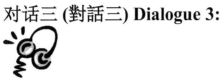

Listen to this conversation between two friends about their childhood memories and answer the multiple choice questions. Try to learn new words from context clues. The vocabulary you learn in this dialogue will help you comprehend the reading text in the later section.

沉默 | 顽皮 | 来自 | 存钱 | 恢复 | 行李
沉默 | 頑皮 | 來自 | 存錢 | 恢復 | 行李
chénmò | wánpí | láizì | cúnqián | huīfù | xínglǐ

贫穷 | 流行 | 捐钱 | 无私 | 自私 | 怀念
貧窮 | 流行 | 捐錢 | 無私 | 自私 | 懷念
pínqióng | liúxíng | juānqián | wúsī | zìsī | huáiniàn

生词复习 (生詞複習)

- 安静 | 安静 | ānjìng | quiet
- 踢 | 踢 | tī | to kick
- 后来 | 後來 | hòulái | later
- 整天 | 整天 | zhěng tiān | whole day

- 活泼 | 活潑 | huópō | outgoing; lively
- 麻烦 | 麻煩 | máfan | trouble
- 去世 | 去世 | qùshì | to pass away (对话二)

根据对话三回答问题

- 女孩小李和男孩小王小时候都是活泼、爱说话的孩子吗？
- 小王小时候有一次做了什么坏事？为什么他要那么做？他给妈妈带来什么样的麻烦？
- 男孩的妈妈为什么不给他买比较好的衣服？她只想自己，不想别人吗？她去世以后，男孩常想她吗？
- 女孩的母亲是有钱人家的孩子吗？她为什么不让女孩的爸爸给孤儿捐钱？

你的看法

- 说一说你小时候的做过什么顽皮的事？
- 你更希望你的父母把钱捐出去还是更希望他们把钱用来给你买好的东西？为什么？

(繁體 Traditional characters)
根據對話三回答問題
- 女孩小李和男孩小王小時候都是活潑、愛說話的孩子嗎？
- 小王小時候有一次做了什麼壞事？為什麼他要那麼做？他給媽媽帶來什麼樣的麻煩？
- 男孩的媽媽為什麼不給他買比較好的衣服？她只想自己，不想別人嗎？她去世以後，男孩常想她嗎？
- 女孩的母親是有錢人家的孩子嗎？她為什麼不讓女孩的爸爸給孤兒捐錢？

你的看法
- 說一說你小時候的做過什麼頑皮的事？
- 你更希望你的父母把錢捐出去還是更希望他們把錢用來給你買好的東西？為什麼？

听力生词 (聽力生詞) **Dialogue Vocabulary**

1. 职业 | 職業 | zhíyè | occupation; professional | 职业球员/打球是他的职业。 (職業球員/打球是他的職業。)

2. 球员 | 球員 | qiúyuán | ball player | 一名球员/一位球员 (一名球員/一位球員)

3. 赚钱 | 賺錢 | zhuànqián | to make money | 年轻人赚钱不容易。/他这次赚了很多钱。/他的钱不容易赚。/ 你赚不到我的钱。/做这个生意不赚钱。(年輕人賺錢不容易。/他這次賺了很多錢。/他的錢不容易賺。/ 你賺不到我的錢。/做這個生意不賺錢。) (生意:business)

4. 球赛 | 球賽 | qiú sài | ball game | 一场球赛 (一場球賽)

5. 场 | 場 | chǎng | measure word | 一场球赛/一场电影/一场表演 (一場球賽/一場電影/一場表演) (表演 biǎoyǎn: performance)

6. 不幸 | 不幸 | bùxìng | unfortunately; misfortune | 不幸的孩子/发生了不幸后，他一直很沉默。/他在车祸中不幸去世了。(不幸的孩子/發生了不幸後，他一直很沉默。/他在車禍中不幸去世了。)

7. 车祸 | 車禍 | chēhuò | car accident | 发生了车祸/出了车祸/那是一场(/一起)很大的车祸。(發生了車禍/出了車禍/那是一場(/一起)很大的車禍。)

8. 去世 | 去世 | qùshì | to pass away | 父母去世后他成了孤儿。(父母去世後他成了孤兒。)

9. 孤儿 | 孤兒 | gū'ér | orphan | 他是孤儿。他是在那所孤儿院里长大的。(他是孤兒。他是在那所孤兒院里長大的。)

10. 一生 | 一生 | yīshēng | life; lifetime | 一生的时间/她这一生没有做过坏事。(一生的時間/她這一生沒有做過壞事。) (坏/壞: huài)

11. 沉默 | 沉默 | chénmò | silent; silence | 她沉默了两分钟。/他是个沉默的人。/知道这件事以后，大家都很沉默。(她沉默了兩分鐘。/他是個沉默的人。/知道這件事以後，大家都很沉默。

12. 顽皮 | 頑皮 | wánpí | naughty | 他是个顽皮的孩子。/她很顽皮。/别顽皮！(他是個頑皮的孩子。/她很頑皮。/別頑皮！)

13. 来自 | 來自 | láizì | to come from | 见阅读本语法 (See Reading and Discussion) | 見閱讀本語法 (See Reading and Discussion)

14. 恢复 | 恢復 | huīfù | to recover | 恢复两人之间的关系。/她病得很重，身体到现在都还没有恢复。(恢復兩人之間的關係。/她病得很重，身體到現在都還沒有恢復。)

15. 行李 | 行李 | xínglǐ | luggage | 一件行李

16. 贫穷 | 貧窮 | pínqióng | poor; poverty | 他们过着贫穷的生活。/这是个非常贫穷的国家。/(Poor people: don't use *贫穷人，you can say 穷人 or 贫穷的人; He is poor: 他很穷。) (他們過著貧窮的生活。/這是個非常貧窮的國家。/(Poor people: don't use *貧窮人，you can say 窮人 or 貧窮的人; He is poor: 他很窮。))

17. 流行 | 流行 | liúxíng | popular; fashionable | 流行音乐/流行性感冒/今年不流行红色了，流行黑色。(流行音樂/流行性感冒/今年不流行紅色了，流行黑色。) (流行性感冒 liúxíng-xìng gǎnmào: influenza)

18. 无私 | 無私 | wúsī | selfless | 无私的想法/他把钱无私地捐给了孤儿。(無私的想法/他把錢無私地捐給了孤兒。)

19. 自私 | 自私 | zìsī | selfish | 自私的想法/自私的孩子/你这样做太自私了。(自私的想法/自私的孩子/你這樣做太自私了。)

20. 怀念 | 懷念 | huáiniàn | to miss; to yearn for | 怀念过去的日子/他很怀念他已去世的母亲。(懷念過去的日子/他很懷念他已去世的母親。)

课后练习 (課後練習)：Go to workbook for exercises II-1. 听力生词 (聽力生詞) and IV-1 汉字部件:a. 听力生词 (漢字部件: 聽力生詞)

口语用法 (口語用法) Oral Expressions

1. 你看看我，都已经快五十岁了，**哪**还能打篮球**啊**？ ("哪" or "哪儿" "哪里"can be used in a rhetorical question to negate instead of meaning "place". In this sentence, the speaker means he is too old to play basketball).

他就会说那么一两句中文，**哪**能给你翻译中文小说啊？
He can only speak a few Chinese phrases. How can he translate a Chinese novel for you?

我**哪里**跟你说过一定会买你的东西了？
When did I tell you that I'd definitely buy your stuff?

(翻译/ 翻譯 fānyì: to translate)

(繁體 Traditional characters: 你看看我，都已經快五十歲了，哪還能打籃球啊？ ("哪" or "哪兒" "哪裡"can be used...)./ 他就會說那麼一兩句中文，哪能給你翻譯中文小說啊？ / 我哪裡跟你說過一定會買你的東西了？)

2. 女儿:... 父亲:**好吧**，我这个星期六就跟你们一起打！
("好吧" can be translated as "all right," or "okay" here. It is used to show that a previous request or suggestion is not perfect but is nevertheless acceptable to the speaker).

A: 外面太冷了，我们别去打篮球了，待(dāi)在家里看电视吧！
B: **好吧**！
A: It is too cold outside. Let's not go to play basketball and stay at home watching TV instead.
B: Ok.

学生:老师，真对不起，我忘了把功课带来了，明天给你行吗？
老师:**好吧**！下次别再忘了。
Student: Teacher, I'm really sorry. I forgot to bring my homework. Would it be alright if I gave it to you tomorrow?
Teacher: That's fine. Next time don't forget it. (Don't let it happen again).

小张:二十五块太贵了，算二十块吧！
小贩: **好吧**！便宜卖给你啦！
Little Zhang: $25 is too expensive, but I'll take it for $20.
Vender: Fine. I'll sell it to you at the cheaper price.

(小贩/ 小贩 xiǎofàn: vendor)

(繁體 Traditional characters: 女兒:... 父親:好吧，我這個星期六就跟你們一起打！ / A:外面太冷了，我們別去打籃球了，待在家裡看電視吧！B: 好吧！ / 學生:老師，真對不起，我忘了把功課帶來了，明天給你行嗎？老師:好吧！下次別再忘了。 / 小張:二十五塊太貴了，算二十塊吧！小販: 好吧！便宜賣給你啦！)

3. **人家**麦可乔丹打到三十多岁就不打了，你看看我，都已经快五十岁了，哪还能打篮球啊！

"人家" is used very often in spoken language. It refers to two different meanings depending on the context:

1) "人家" means "the other people." It can stand alone or is used in front of a noun or pronoun to which "人家" refers.

人家小李三点就来了，你怎么现在才来？
Xiao Li was here as early as three o'clock. How can you come now?

人家能做到，我们也能做到。
If other people can do it, so can we.

2) "人家" can also refer to the speaker himself. In this context it carries a sense of complaint.

人家话还没说完，他就把电话挂了。
I haven't finished speaking and he already hung up the phone!

你怎么才来，**人家**已经等你半个小时了！
How come you are so late? I have been waiting for you for half an hour!

(繁體 Traditional characters: 人家麥可喬丹打到三十多歲就不打了，你看看我，都已經快五十歲了，哪還能打籃球啊! / 人家小李三點就來了，你怎麼現在才來？ / 人家能做到，我們也能做到。 / 人家話還沒說完，他就把電話掛了。 / 你怎麼才來，人家已經等你半個小時了！)

4. 女儿:你还年轻**得很**呢，别总说自己老了。("Adj+ 得很" is used in a statement of personal opinion. It can be translated as "very". It is more colloquial and stronger in tone than "很 Adj.")

那家店的东西**贵得很**，你到别的地方去买吧！
That store's goods are extremely expensive. Shop at another place!

你怎么那么喜欢那部电影? 我觉得它**难看得很**。

How can you like that movie so much? I think it's so bad.

(繁體 Traditional characters: 女兒:你還年輕得很呢，別總說自己老了。/ 那家店的東西貴得很，你到別的地方去買吧！/ 你怎麼那麼喜歡那部電影? 我覺得它難看得很。)

5. 我早就告诉她爸爸喝了酒以后开车会出车祸，可是他**就**是不听。
("就" in the second clause of the above sentence expresses strong determination).

我让他休息一会儿再工作，可他**就**是不休息。
I asked him to take a break before continuing his work, but he would not take a rest.

我**就**不相信我学不好中文。
(Although being against all the odds, still) I don't believe I can't learn Chinese well.

(繁體 Traditional characters: 我早就告訴她爸爸喝了酒以後開車會出車禍，可是他就是不聽。/ 我讓他休息一會兒再工作，可他就是不休息。/ 我就不相信我學不好中文。)

6. A: 小丽的父母都在车祸中去世了，真是太不幸了，**还好**，小丽没事。
   B: 没事是没事，可她以后怎么办呢？才三岁，就没有父母成了孤儿
("还好" means "fortunately" or "under this bad circumstance, it is fortunate that …")

他身上一毛钱也没有，**还好**，这家店收信用卡。
He didn't even have a penny with him; fortunately, the store accepted credit cards.

我出门时忘了把毛衣带上了，**还好**，天气不是太冷。
When we walked out the door, we forgot to bring sweaters. Fortunately, the weather wasn't too cold.

(繁體 Traditional characters: A: 小麗的父母都在車禍中去世了，真是太不幸了，還好，小麗沒事。B: 沒事是沒事，可她以後怎麼辦呢？才三歲，就沒有父母成了孤兒。/ 他身上一毛錢也沒有，還好，這家店收信用卡。/ 我出門時忘了把毛衣帶上了，還好，天氣不是太冷。)

7. **没事是没事，可她以后怎么办呢？** ("X 是 X" means "it is true…" It is used in the first sentence clause to show an affirmation while emphasizing additional information in the second clause. The two clauses are usually connected by "但是/可是/不过") .

A: 今天晚上的晚会你去，对吧？
B: **去是去，可是**得晚点去。
A: You will come to tonight's party, won't you?
B: Yeah, but I have to be a little late.

20

这东西**好是好**，**可是**贵了点。
It is true that this thing is good; however, it's a little expensive.

(繁體 Traditional characters: 沒事是沒事，可她以後怎麼辦呢？ / A: 今天晚上的晚會你去，對吧？B: 去是去，可是得晚點去。/ 這東西好是好，可是貴了點。)

8. **那当然**，但我认为最重要的还是帮小丽再找一个家。
("那当然" is used at the beginning of a sentence when continuing a conversation, meaning "of course" or "that is for sure").

A: 你儿子真聪明！
B: **那当然**! 他有个聪明的妈妈。
A: Your son is so smart!
B: Of course! He has a smart mother.

A: 哎呀，电影已经开始了！
B: **那当然**。电影应该八点开始。现在已经八点十分了。
A: Wow, the movie already started.
B: Of course. The movie is supposed to start at 8:00 and now it is already 8:10.

(繁體 Traditional characters: 那當然，但我認為最重要的還是幫小麗再找一個家。/ A: 你兒子真聰明！B: 那當然! 他有個聰明的媽媽。/ A: 哎呀，電影已經開始了！B: 那當然。電影應該八點開始。現在已經八點十分了。)

9. 小李，怎么这么沉默，**半天**都不说话，是不是不高兴啊？
("半天" literally means "half day". However, it is often used in the spoken language to indicate that it seems like a long time to the speaker, even if the period is actually very short).

小张说今天下午跟我一起打篮球，可是我等了他**半天**他也没来。
Xiao Zhang said he would play basketball with me this afternoon. However, I waited for quite a long time and he didn't even show up.

(繁體 Traditional characters: 小李，怎麼這麼沉默，半天都不說話，是不是不高興啊？/ 小張說今天下午跟我一起打籃球，可是我等了他半天他也沒來。)

10. 我跟你**可**不一样，我小时候整天又跑又跳的。

"可" can be used as an adverb to emphasize tones of speaking in a few ways:

1) to imply the speakers' intention to clarify the matter or to highlight the focus of the matter.

在学校要好好学习，**可**不要跟那些坏孩子一起玩。
Work hard at school. By no means should you hang out with those bad kids.

我**可**没有你那么顽皮。
I am NOT as mischievous as you.

2) to imply the unusualness, rareness, or unexpectedness of the case

那个孩子**可**听话了，你说什么他就做什么。
That kid is really obedient. She does whatever you tell her.

这个农村**可**穷了，有时候他们连吃的东西都不够。
This village is really poor. Sometimes they don't even have enough food to eat.

3) to emphasizes the speaker's sincerity and degree of care when giving a warning, a request, or a reminder, usually with use of an auxiliary verb such as "要"、会"、"得"、or "别").

大夫啊！你**可**得帮我们把他的病给治好啊！
Oh, Doctor, in any case you have to help us cure his illness.

你今天晚上**可**要按时来啊！
Make sure you will come on time tonight, ok?

这个商店的东西很贵，你**可**别到哪儿去买东西。
Things in this store are very expensive. By no means should you shop there.

(繁體 Traditional characters) 我跟你可不一樣，我小時候整天又跑又跳的。/ 在學校要好好學習，可不要跟那些壞孩子一起玩。/ 我可沒有你那麼頑皮。/ 那個孩子可聽話了，你說什麼他就做什麼。/ 這個農村可窮了，有時候他們連吃的東西都不夠。/ 大夫啊！你可得幫我們把他的病給治好啊！/ 你今天晚上可要按時來啊！/這個商店的東西很貴，你可別到哪兒去買東西。

11. 真的啊，小王，**你怎么能这样**？
("怎么能这样呢？" means "how can [the subject] do this?" A verb phrase may occur after "这样"in this expression).

政府官员**怎么能这样呢**？说把人带走就把人带走！

How can those government officials be like this? They take people away however they please.

你妈妈是有困难才来找你，**你怎么能这样**对她呢？
Your mother came to you because she was in trouble. How can you treat her like this?

(政府官员/政府官員 zhèngfǔ guānyuán: government officials, 困难/困難 kùnnán: difficulty)

(繁體 Traditional characters: 真的啊，小王，你怎麼能這樣？/ 政府官員怎麼能這樣呢？說把人帶走就把人帶走。/ 你媽媽是有困難才來找你，你怎麼能這樣對她呢？)

12. 这个孩子也**真是的**，怎么能说这样的话？
("真是的" is a very colloquial phrase used to express one's complaint or one's dissatisfaction. There can be an additional clause to add more detail to the complaint).

A: 今天晚上爸爸又出去喝酒了。
B: 爸爸也**真是的**。(总是把家里的事留给妈妈一个人做，太自私了。)
A: This evening Dad went out to drink again.
B: That is very bad of Dad. (He always leaves the housework to Mom alone. That is very selfish of him).

(繁體 Traditional characters: 這個孩子也真是的，怎麼能說這樣的話？/ A: 今天晚上爸爸又出去喝酒了。B: 爸爸也真是的。總是把家裡的事留給媽媽一個人做，太自私了。)

13. 哎，我妈妈已经去世了，**说真的**，我好怀念她啊!
("说真的" means "to tell you the truth; no kidding").

说真的，我真不想把我的钱捐给孤儿。
To tell you the truth, I am really loath to donate my money to those orphans.

说真的，我这次得到这个工作可真不容易啊!
No kidding, it was not easy for me to get this job.

(繁體 Traditional characters: 唉，我媽媽已經去世了，說真的，我好懷念她啊!/ 說真的，我真不想把我的錢捐給孤兒。/ 說真的，我這次得到這個工作可真不容易啊!)

课后练习(課後練習) Go to Workbook for exercises: I-1. 听力与口语用法 (聽力與口語用法) and I-2. 口语用法填空(口語用法填空)

口语练习 (口語練習) Oral Practice

Use the oral expressions you learned for the role-play discussion

> **rhetorical 哪/   好吧,.../   人家/   ___Adj.得很呢**
> **可是他就是不听/   还好，.../   XX 是 XX，但.../   那当然/**
> **半天都不说话/   我跟你可不一样/   你怎么能这样/   真是的/   说真的**

1. A 和 B 对孩子长大后该做什么有不同的看法:A—你喜欢麦可乔丹
(Màikě Qiáodān: Michael Jordan)，你想让孩子长大后打篮球。B—你喜欢
老虎伍兹 (lǎohǔ Wǔzī: Tiger Woods)，你想让孩子长大后打高尔夫球。

2. A 和 B 都是小张的好朋友，— 你们得一起想个办法让你们的朋友小张
喝了酒以后别开车。

3. A 和 B 对捐钱有不同的看法
    A—你赚的钱不多，但是你很想给孤儿们捐点钱。
    B—你觉得把钱存下来比较好，不应该捐出去。

(繁體 Traditional characters)
> **rhetorical 哪/   好吧,.../   人家/   Adj.得很呢**
> **可是他就是不聽/   還好，.../   XX 是 XX，但.../   那當然/**
> **半天都不說話/   我跟你可不一樣/   你怎麼能這樣/   真是的/   說真的**

1. A 和 B 對孩子長大後該做什麼有不同的看法:A—你喜歡麥可喬丹
(Màikě Qiáodān: Michael Jordan)，你想讓孩子長大後打籃球。B—你喜歡
老虎伍茲 (lǎohǔ Wǔzī: Tiger Woods)，你想讓孩子長大後打高爾夫球。

2. A 和 B 都是小張的好朋友，— 你們得一起想個辦法讓你們的朋友小張
喝了酒以後別開車。

3. A 和 B 對捐錢有不同的看法

A—你賺的錢不多，但是你很想給孤兒們捐點錢。

B—你覺得把錢存下來比較好，不應該捐出去。

听力文本 (聽力文本) Dialogue Transcripts

对话一

A. 爸，你年轻的时候，也喜欢打球吗？

B. 什么球，篮球吗？

A. 当然是篮球啊！你长得这么高，打篮球最好了。

B. 咳！那都是年轻时候的事了。现在我老了，跑得太慢，打不动了！人家麦可乔丹打到三十多岁就不打了，你看看我，都已经快五十岁了，哪还能打篮球啊！

A. 那不一样，麦可乔丹是职业球员，打球是他的工作，是为了赚钱。我们不是职业球员，我们打球是为了玩。

B. 每天打球是很好玩。上次你说你们学校有几个球队？

A. 有四个篮球队，另外，还有两个足球队。

B. 那么多球队啊？那每个球队有多少个球员？

A. 不一定，一般来说，一个球队都有十几个球员。

B. 你们有球赛吗？哪天我去看你们的球赛，怎么样？

A. 好啊。 我们学校差不多每个星期都有两三场球赛，当然欢迎你来看我们打球，给我们加油。对了，星期六我们要练习，你可以来跟我们一起玩。

B. 你不觉得我太老了吗？

A. 你还年轻得很呢，别说自己老了。我同学他爸爸也跟我们打过，大家都玩得高兴得很。

B. 哦？好吧，我这个星期六就跟你们一起打。

对话二

A. 你听说了吗？小丽一家出车祸了。

B. 听说了，小丽的父母都在车祸中去世了，真是太不幸了。

A. 我早就告诉她爸爸喝了酒以后别开车，可能会出车祸，可是他就是不听。

B. 是啊，要是他早听你的，就不会发生这么不幸的事了。还好，小丽没事。

A. 没事是没事，可她以后怎么办呢？才三岁，就没有父母，成了一个孤儿。

B. 是啊，父母对孩子的一生影响是很大的。小丽这一生，才刚开始，就没有了父母，发生了这样的不幸。唉…

A. 我们都是小丽父母的好朋友，他们去世了，我们以后得多关心他们的女儿。

B. 那当然，但我认为最重要的还是帮小丽再找一个家。

A. 我同意。

对话三

A. 唉，小李，怎么这么沉默，半天都不说话，是不是不高兴啊？

B. 没有啊，我从小就是个安静的孩子，不喜欢说话，总是安安静静地看书、看电视。

A. 是吗？我跟你可不一样，我小时候整天又跑又跳的。

B. 看你的样子就知道你小时候很顽皮。

A. 是啊，有一次，我还踢了别的孩子，把那孩子的腿都踢坏了。

B. 真的啊，小王，你怎么能这样，那，后来呢？

A. 后来我妈把她存了好几年的钱，都给了那个孩子的父母，让他们带那孩子看医生。

B. 那个孩子的腿好了吗？是不是恢复得跟以前一样？

A. 我也不知道恢复得怎么样，那件事发生以后，我们只好搬家，一家人带着大包小包的行李，搬到另一个地方住。

B. 还得搬家啊！ 你真不该踢人家那个孩子呢。

A. 但他总是笑我穿的衣服不好，说我妈不爱我，不给我买好衣服。

B. 这个孩子也真是的，怎么能说这样的话？不过，你小时候穿的衣服真的不好吗？

A. 是啊，不过那当然不是因为我妈不爱我。

B. 那是因为什么呢？

A. 是因为我妈小时候生活贫穷，长大以后有钱了，她还觉得衣服只要能穿就行了，不用买太贵的，也不用想它流行不流行。

B. 我妈和你妈一样，也是来自贫穷的家庭。

A. 虽然我妈来自贫穷的家庭，但她很无私，她不给自己的孩子买好衣服，却常常捐钱帮助别人。

B. 我妈比你妈自私一点。有一次，我爸想给一个孤儿捐点钱，我妈不同意，她说那些钱要存下来给我上大学，不能捐出去。

A. 也不能说你妈妈自私，妈妈都太爱孩子了。哎，我妈妈已经去世了，说真的，我好怀念她啊！

B. 我想那是一定的。

(繁體 Traditional characters)

對話一

A. 爸，你年輕的時候，也喜歡打球嗎？

B. 什麼球，籃球嗎？

A. 當然是籃球啊！你長得這麼高，打籃球最好了。

B. 咳！那都是年輕時候的事了。現在我老了，跑得太慢，打不動了！人家麥可喬丹打到三十多歲就不打了，你看看我，都已經快五十歲了，哪還能打籃球啊！

A. 那不一樣，麥可喬丹是職業球員，打球是他的工作，是為了賺錢。我們不是職業球員，我們打球是為了玩。

B. 每天打打球是很好玩。上次你說你們學校有幾個球隊？

A. 有四個籃球隊，另外，還有兩個足球隊。

B. 那麼多球隊啊？那每個球隊有多少個球員？

A. 不一定，一般來說，一個球隊都有十幾個球員。

B. 你們有球賽嗎？哪天我去看你們的球賽，怎麼樣？

A. 好啊。我們學校差不多每個星期都有兩三場球賽，當然歡迎你來看我們打球，給我們加油。對了，星期六我們要練習，你可以來跟我們一起玩。

B. 你不覺得我太老了嗎？

A. 你還年輕得很呢，別說自己老了。我同學他爸爸也跟我們打過，大家都玩得高興得很。

B. 哦？好吧，我這個星期六就跟你們一起打。

對話二

A. 你聽說了嗎？小麗一家出車禍了。

B. 聽說了，小麗的父母都在車禍中去世了，真是太不幸了。

A. 我早就告訴她爸爸喝了酒以後別開車，可能會出車禍，可是他就是不聽。

B. 是啊，要是他早聽你的，就不會發生這麼不幸的事了。還好，小麗沒事。

A. 沒事是沒事，可她以後怎麼辦呢？才三歲，就沒有父母，成了一個孤兒。

B. 是啊，父母對孩子的一生影響是很大的。小麗這一生，才剛開始，就沒有了父母，發生了這樣的不幸。唉…

A. 我們都是小麗父母的好朋友，他們去世了，我們以後得多關心他們的女兒。

B. 那當然，但我認為最重要的還是幫小麗再找一個家。

A. 我同意。

對話三

A. 唉，小李，怎麼這麼沉默，半天都不說話，是不是不高興啊？

B. 沒有啊，我從小就是個安靜的孩子，不喜歡說話，總是安安靜靜地看書、看電視。

A. 是嗎？我跟你可不一樣，我小時候整天又跑又跳的。

B. 看你的樣子就知道你小時候很頑皮。

A. 是啊，有一次，我還踢了別的孩子，把那孩子的腿都踢壞了。

B. 真的啊，小王，你怎麼能這樣，那，後來呢？

A. 後來我媽把她存了好幾年的錢，都給了那個孩子的父母，讓他們帶那孩子看醫生。

B. 那個孩子的腿好了嗎？是不是恢復得跟以前一樣？

A. 我也不知道恢復得怎麼樣，那件事發生以後，我們只好搬家，一家人帶着大包小包的行李，搬到另一個地方住。

B. 還得搬家啊！ 你真不該踢人家那個孩子呢。

A. 但他總是笑我穿的衣服不好，說我媽不愛我，不給我買好衣服。

B. 這個孩子也真是的，怎麼能說這樣的話？不過，你小時候穿的衣服真的不好嗎？

A. 是啊，不過那當然不是因為我媽不愛我。

B. 那是因為什麼呢？

A. 是因為我媽小時候生活貧窮，長大以後有錢了，她還覺得衣服只要能穿就行了，不用買太貴的，也不用想它流行不流行。

B. 我媽和你媽一樣，也是來自貧窮的家庭。

A. 雖然我媽來自貧窮的家庭，但她很無私，她不給自己的孩子買好衣服，卻常常捐錢幫助別人。

B. 我媽比你媽自私一點。有一次，我爸想給一個孤兒捐點錢，我媽不同意，她說那些錢要存下來給我上大學，不能捐出去。

A. 也不能說你媽媽自私，媽媽都太愛孩子了。哎，我媽媽已經去世了，說真的，我好懷念她啊!

B. 我想那是一定的。

看小剧学动作动词 (看小劇學動作動詞)
Skit and Action Verbs

英雄救美

Watch the video (available at www.mychinesclass.com/video) to learn the action verbs and then retell the story in your own words.

Notes:
- 英雄/ yīngxióng : hero (见阅读与讨论本 See also in Reading & Discussion)
- 碰到麻烦/ 碰到麻煩/ pèngdào máfan: to encounter trouble
- 怎么啦？/ 怎麼啦？/ Zěnme la? : What happened?/ What's wrong?
- 三回/ sān huí: (to conduct the action) three times
- 雷锋/ 雷鋒/ Léi Fēng: name of a model communist (见阅读与讨论本 See also in Reading & Discussion)
- 照顾/ 照顧/ zhàogù: to take care of
- 算(了)！算(了)！算(了)！ / suàn(le) suàn(le) suàn(le)!: forget about it!

动作动词用法/動作動詞用法

- 喊 | 喊 | hǎn | 你小声地说就行了，别大声喊！/快去！老师喊你的名字了！/我先进去了，有事你喊我。(你小聲地說就行了，别大聲喊！/快去！老師喊你的名字了！/我先進去了，有事你喊我。)
- 救 | 救 | jiù | 救命！救命！/谢谢你救了我！/失火了！失火了！快来帮忙救火啊！(救命！救命！/謝謝你救了我！/失火了！失火了！快來幫忙救火啊！)
- 卡 | 卡 | kǎ | 这个窗户卡住了，打不开。/他的脚卡在里边，出不来了！(這個窗戶卡住了，打不開。/他的腳卡在裡邊，出不來了！)
- 推 | 推 | tuī | 她推开门，走了进来。/弟弟被哥哥推倒在地上。/你别推我！/车不动了！你下去帮忙推！(她推開門，走了進來。/弟弟被哥哥推倒在地上。/你别推我！/車不動了！你下去幫忙推！)
- 拉 | 拉 | lā | 顽皮的小男孩，拉了女孩的头发。/ 她拉着我，跟她一起向前跑。(顽皮的小男孩，拉了女孩的頭髮。/ 她拉著我，跟她一起向前跑。)
- 冲 | 沖 | chōng | 上完厕所，记得要冲水。/ 进游泳池前，得先冲澡。/你的脚真脏!快去冲一冲。(上完廁所，記得要沖水。/ 進游泳池前，得先沖澡。/你的腳真髒!快去沖一沖。)
- 开 | 開 | kāi | 开窗户/开门/开灯/这个水龙头，往右是开水。/ 我打不开，你帮我开吧！(開窗戶/開門/開燈/這個水龍頭，往右是開水。/ 我打不開，你幫我開吧！)

- 关 | 關 | guān | 关门/把门关上/把门关起来/关灯/把灯关了 (關門/把門關上/把門關起來/關燈/把燈關了)

Notes for sample sentences:
- 救/ jiù: to rescue 命/ mìng: life；救命！: Help!
- 失火/ shīhuǒ: (a house) to catch fire
- 窗户/ chuānghù: window
- 顽皮/ 頑皮/ wánpí:mischievous; naughty (see also in Reading and Discussion section)
- 厕所/ 廁所 cèsuǒ: bathroom
- (澡 zǎo)
- 脏/ 髒/ zāng: dirty
- 灯/ 燈/ dēng: light
- 水龙头/水龍頭/shuǐlóngtóu: tap; faucet

课后练习(課後練習) Go to Workbook for exercises: III. 动作动词填空 (動作動詞填空)

第二课　妇女的社会地位/ 婦女的社會地位

听录音回答问题 (聽錄音回答問題) Listening Comprehension

对话一 (對話一) Dialogue 1:

Listen to this conversation between Xiaoli and her friend about concerns about the sex industry in big cities. Try to learn new words from context clues. The vocabulary you learn in this dialogue will help you comprehend the reading text in the later section.

色情| 行业| 陪| 性感| 讲究
色情| 行業| 陪| 性感| 講究
sèqíng| hángyè| péi| xìnggǎn| jiǎngjiù

生词复习 (生詞複習)

- 城市| 城市| chéngshì| city|
- 农村| 農村| nóngcūn| farming village rural| 第一课
- 竟然| 竟然| jìngrán| unexpectedly; to one's surprise|
- 赚钱| 賺錢| zhuànqián| to make money| 第一课
- 愿意| 願意| yuànyì| to be willing to|
- 沉默| 沉默| chénmò| silence| 第一课
- 开口| 開口| kāikǒu| to open the mouth (to talk)| 第一课
- 交流| 交流| jiāoliú| to communicate with| 第一课
- 干| 幹| gàn| to do; to work|
- 严重| 嚴重| yánzhòng| serious|

- 受欢迎 | 受歡迎 | shòu huānyíng | to be popular; to be welcomed |

根据对话一回答问题:

- "色情行业"是什么？在你看来，为什么城市里这个问题比较严重呢？

- 你觉得干色情小姐的一定都长得很好看吗? 除了长得好看不好看以外，什么样的色情小姐更受欢迎？

你的看法

- 很多人到 Amsterdam 旅行，都会想去看看所谓的 "红灯区" (Hóngdēngqū: Red Light District)。在那儿你可以看到很多小姐，站在窗户前，穿着很少的衣服，等着她们的生意上门。你觉得 Amsterdam 有"红灯区"是好事还是坏事？为什么？你希望你的城市有这样的地方吗？为什么？

(繁體 Traditional characters)
根據對話一回答問題:
- "色情行業"是什麼？在你看來，為什麼城市裡這個問題比較嚴重呢？

- 你覺得幹色情小姐的一定都長得很好看嗎? 除了長得好看不好看以外，什麼樣的色情小姐更受歡迎？

你的看法
- 很多人到 Amsterdam 旅行，都會想去看看所謂的 "紅燈區" (Hóngdēngqū: Red Light District)。在那兒你可以看到很多小姐，站在窗戶前，穿着很少的衣服，等着她們的生意上門。你覺得 Amsterdam 有"紅燈區"是好事還是壞事？為什麼？你希望你的城市有這樣的地方嗎？為什麼？

对话二 (對話二) Dialogue 2:

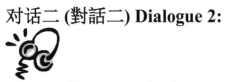

Listen to this conversation between Annie and David about China's One-child policies. Try to learn new words from context clues. The vocabulary you learn in this dialogue will help you comprehend the reading text in the later section.

独生子女 | 政策 | 控制 | 人口 | 增长
獨生子女 | 政策 | 控制 | 人口 | 增長
dúshēngzǐnǚ | zhèngcè | kòngzhì | rénkǒu | zēngzhǎng
比例 | 传统 | 观念
比例 | 傳統 | 觀念
bǐlì | chuántǒng | guānniàn

生词复习 (生詞複習)

- 渐渐 | 漸漸 | jiànjiàn | gradually | 第一课
- 社会 | 社會 | shèhuì | society |
- 改变 | 改變 | gǎibiàn | to change; a change |
- 严格 | 嚴格 | yángé | strict |
- 政府 | 政府 | zhèngfǔ | government | 第一课例句

- 情况 | 情况 | qíngkuàng | situation |
- 兄弟姐妹 | 兄弟姐妹 | xiōngdì jiěmèi | siblings

根据对话二回答问题

- 中国的人口问题为什么没有印度(Yìndù)的严重呢？2035 年以后，这个情况有可能改变吗？
- 在中国，男人找女朋友容易还是女人找男朋友容易？为什么？
- 中国人口还有哪些问题？中国政府在这方面做了什么？

你的看法

- 说一说，你家有几个孩子？你觉得有兄弟姐妹是不是一件好事？为什么？
- 你觉得，当一个独生子或独生女有什么好处和坏处？
- 想一想，为什么中国政府现在同意让每个家有两个孩子了呢？

(繁體 Traditional characters)
根據對話二回答問題
- 中國的人口問題為什麼沒有印度(Yìndù)的嚴重呢？2035 年以後，這個情況有可能改變嗎？
- 在中國，男人找女朋友容易還是女人找男朋友容易？為什麼？
- 中國人口還有哪些問題？中國政府在這方面做了什麼？

你的看法
- 說一說，你家有幾個孩子？你覺得有兄弟姐妹是不是一件好事？為什麼？
- 你覺得，當一個獨生子或獨生女有什麼好處和壞處？
- 想一想，為什麼中國政府現在同意讓每個家有兩個孩子了呢？

对话三 (對話三) Dialogue 3:

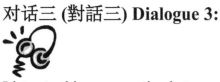

Listen to this conversation between Old Wang and his friend about his capable daughter-in-law. Try to learn new words from context clues. The vocabulary you learn in this dialogue will help you comprehend the reading text in the later section.

娶 | 女强人 | 嫁 | 反对 | 堕胎 | 怀孕
娶 | 女強人 | 嫁 | 反對 | 墮胎 | 懷孕
qǔ | nǔ qiángrén | jià | fǎnduì | duòtāi | huáiyùn
性别 | 重男轻女 | 平等 | 世纪 | 接受 | 伤脑筋
性別 | 重男輕女 | 平等 | 世紀 | 接受 | 傷腦筋
xìngbié | zhòngnán qīngnǔ | píngděng | shìjì | jiēshòu | shāng nǎojīn

---

生词复习 (生詞複習)

- 律师 | 律師 | lùshī | lawyer
- 照顾 | 照顧 | zhàogù | to take care of
- 马上 | 馬上 | mǎshàng | immediately
- 孙子 | 孫子 | sūnzi | grandson
- 能干 | 能幹 | nénggàn | capable

- 结婚 | 結婚 | jiéhūn | to get married
- 选择 | 選擇 | xuǎnzé | to make choice

根据对话三回答问题

36

- "嫁"和"娶"有什么不一样？对话里，儿子结婚的时候，老太太高兴吗？为什么？
- 对话中的老先生现在为什么事伤脑筋？她的儿子和儿子的太太为什么要这样做？

你的看法

- 你会不会因为爸爸妈妈不同意而不娶一个你喜欢的女人或者不嫁一个你喜欢的男人？为什么？
- 你希望自己或自己的太太是一个女强人吗？为什么？
- 在你看来，一个怀孕的女人如果知道自己以后没有办法给孩子好的生活，她可以选择堕胎吗？为什么？

(繁體 Traditional characters)
根據對話三回答問題
- "嫁"和"娶"有什麼不一樣？對話裡，兒子結婚的時候，老太太高興嗎？為什麼？
- 對話中的老先生現在為什麼事傷腦筋？她的兒子和兒子的太太為什麼要這樣做？

你的看法
- 你會不會因為爸爸媽媽不同意而不娶一個你喜歡的女人或者不嫁一個你喜歡的男人？為什麼？
- 你希望自己或自己的太太是一個女強人嗎？為什麼？
- 在你看來，一個懷孕的女人如果知道自己以後沒有辦法給孩子好的生活，她可以選擇墮胎嗎？爲什麼？

听力生词 (聽力生詞) **Dialogue Vocabulary**

1. 色情 | 色情 | sèqíng | erotic; eroticism | 色情小姐/色情行业/色情书/色情电影 (色情小姐/色情行業/色情書/色情電影)

2. 行业 | 行業 | hángyè | industry; profession; vocation | 各行各业/色情行业/教育行业/服务行业 (各行各業/色情行業/教育行業/服務行業) (教育 jiàoyù: education 服务/服務 fúwù: service)

3. 陪 | 陪 | péi | to accompany; to keep sb. company |陪女朋友买东西/ 你陪我一块儿去看电影吧！/三陪小姐 (陪女朋友買東西/ 你陪我一塊兒去看電影吧！/三陪小姐)

4. 性感 | 性感 | xìnggǎn | sexy | 他很性感。/性感的女孩子 (他很性感。/性感的女孩子)

5. 讲究 | 講究 | jiǎngjiu | to be particular about; to pay great attention to; to stress | 他不讲究吃穿。/学习要讲究方法。 (他不講究吃穿。/學習要講究方法。)

6. 独生子女 | 獨生子女 | dúshēng zǐnǚ | the only child | 独生子女政策/他是独生子。 (獨生子女政策/他是獨生子。)

7. 政策 | 政策 | zhèngcè | policy |人口政策/教育政策 (人口政策/教育政策)

8. 控制 | 控制 | kòngzhì | to control; to dominate; control (n.) | 控制别人/受(到)别人的控制 (控制別人/受(到)別人的控制)

9. 人口 | 人口 | rénkǒu | population | 这个地方的人口越来越少。/中国是人口最多的国家。 (這個地方的人口越來越少。/中國是人口最多的國家。)

10. 增长 | 增長 | zēngzhǎng | to increase; to grow; growth | 增长知识/增长了很多/加速增长/人口的增长 (增長知識/增長了很多/加速增長/人口的增長) (知识/知識 zhīshí/zhīshì: knowledge, 加速 jiāsù :speed up, 第一课)

11. 比例 | 比例 | bǐlì | proportion; ratio | 男女比例/富人和穷人的比例/很高的比例/比例很低 (男女比例/富人和窮人的比例/很高的比例/比例很低) (富人 fù rén:rich people 穷人 qióngrén: poor people: 第一课)

12. 传统 | 傳統 | chuántǒng | tradition; traditional | 传统观念/传统节日/他的父母非常传统。/过年时吃饺子是中国人的传统。 (傳統觀念/傳統節日/他的父母非常傳統。/過年時吃餃子是中國人的傳統。)

13. 观念 | 觀念 | guānniàn | concept | 他的观念非常传统。/了解这个新观念的人还不太多。 (他的觀念非常傳統。/了解這個新觀念的人還不太多。)

14. 娶 | 娶 | qǔ | to marry a woman; to take to wife | 娶了三个太太。/把她娶回家/娶她当太太 (娶了三個太太。/把她娶回家/娶她當太太)

15. 女强人 | 女強人 | nǚ qiángrén | strong woman |

16. 嫁 | 嫁 | jià | (said of a woman) to marry; to marry off | 她想嫁一个有钱人。/她嫁不出去。/他把女儿嫁给了一个律师。 (她想嫁一個有錢人。/她嫁不出去。/他把女兒嫁給了一個律師。) (律师 律師 lǜshī : lawyer)

17. 反对 | 反對 | fǎnduì | to oppose; to be against; to object to | 他反对女儿嫁给那个农村人。/我不反对你的计划。 (他反對女兒嫁給那個農村人。/我不反對你的計劃。) (农村/農村 nóngcūn: farming village 第一课)

18. 堕胎 | 墮胎 | duòtāi | to have an abortion; abortion | 她怀孕以后决定堕胎。/她堕了三次胎。/她把孩子堕了。 (她懷孕以後決定墮胎。/她墮了三次胎。/她把孩子墮了。)

19. 怀孕 | 懷孕 | huáiyùn | to be or to become pregnant | 她怀孕五个月了。/她怀了一个女孩子。/她想怀孕，怀不上。 (她懷孕五個月了。/她懷了一個女孩子。/她想懷孕，懷不上。)

20. 性别 | 性別 | xìngbié | gender (性 = sex) | 男性/女性 | 男性/女性

21. 重男轻女 | 重男輕女 | zhòngnán qīngnǚ | to value the male child only; to prefer sons to daughters |重男轻女的想法/ 他的父母重男轻女。 (重男輕女的想法/ 他的父母重男輕女。)

22. 平等 | 平等 | píngděng | equal; equality | 男女平等/平等的机会/平等的关系/平等的地位/孩子和父母之间是平等的。 (男女平等/平等的機會/平等的關係/平等的地位/孩子和父母之間是平等的。) (地位: status)

23. 世纪 | 世紀 | shìjì | century | 二十一世纪/两个世纪/经过了两个世纪/上个世纪/下个世纪 (二十一世紀/兩個世紀/經過了兩個世紀/上個世紀/下個世紀)

24. 接受 | 接受 | jiēshòu | to accept; to take; to receive | 接受一个礼物/接受教育/他的看法没有被接受 (接受一個禮物/接受教育/他的看法沒有被接受) (礼物/禮物 lǐwù:gift; present)

25. 伤脑筋 | 傷腦筋 | shāng nǎojīn | to cause sb. a headache; knotty; bothersome | 这件事很让人伤脑筋。/这是件伤脑筋的事。/ 她为孩子上大学伤脑筋。/别伤脑筋了，到时候会有办法。(這件事很讓人傷

腦筋。/這是件傷腦筋的事。/ 她為孩子上大學傷腦筋。/別傷腦筋了，到時候會有辦法。)

课后练习 (課後練習)：Go to workbook for exercises II-1. 听力生词 (聽力生詞) and IV-1 汉字部件:a. 听力生词 (漢字部件: 聽力生詞)

口语用法 (口語用法) Oral Expressions

1. **哎呀**！连色情行业你都没听说过？
("哎呀" can be translated as "oh" or "oh my dear." It is a Chinese interjection used to show surprise. Sometimes the surprise is followed by worries or frustration).

> **哎呀**！我教给他的是个错的用法！
> Oh no!(I just realized that) I gave him a wrong instruction

> **哎呀**，好大的雨啊！
> Wow! What a downpour!

> **哎呀**，你怎么还不睡觉呀！
> Dear me, how can you stay up till this late!

(繁體 Traditional characters: 哎呀！連色情行業你都沒聽說過？ / 哎呀！我教給他的是個錯的用法！ / 哎呀，好大的雨啊！ / 哎呀，你怎麼還不睡覺呀！)

2. 这些女人为什么喜欢往色情行业里跳，在别的行业里找个工作**不行吗**？ ("不行吗" can be tagged to the end of a statement or a suggestion to form a rhetorical question. This sentence can be translated as "why don't they find another kind of job?")

> 不派他参加外交访问**不行吗**？
> Do we have to send him on the diplomatic visit?

> 我喜欢帮职业篮球联盟工作，**不行吗**？
> I like working for the National Basketball Association. Is there something wrong with that?

(繁體 Traditional characters: 這些女人為什麼喜歡往色情行業裡跳，在別的行業裡找個工作不行嗎？ / 不派他參加外交訪問不行嗎？ / 我喜歡幫職業籃球聯盟工作，不行嗎？)

3. **你说**，在餐厅里做服务员的，一个月才能赚多少钱啊? (When we use "你说" in front of a question, we may have an answer already and need the listener to support our opinion, or we may feel that it is important to hear the answer from the listener. The sample sentence is the former case, the speaker doesn't think waiting tables in the restaurant can make good money, and he wants the listener to support his opinion).

> 他只有母亲这一个亲人，现在她去世了，**你说**，他能不怀念他的母亲吗？

His mom was the only person he had in the family, and now she passed away. You tell me, how can he not cherish the memory of his mother?

他总给自己买衣服，从来不管他的太太，**你说**，他这个人自私不自私？
He always buys himself clothes and never cares about his wife. You tell me, is he selfish or not?

(繁體 Traditional characters: 你說，在餐廳里做服務員的，一個月才能賺多少錢啊？/ 他只有母親這一個親人，現在她去世了，你說，他能不懷念他的母親嗎？/ 他總給自己買衣服，從來不管他的太太，你說，他這個人自私不自私？)

1-3 例句 生词复习/ 生詞複習 (第一课)
派 | 外交 | 访问 | 职业 | 联盟 | 去世 | 怀念 | 自私
派 | 外交 | 訪問 | 職業 | 聯盟 | 去世 | 懷念 | 自私
pài | wàijiāo | fǎngwèn | zhíyè | liánméng | qùshì | huáiniàn | zìsī

4．**话是没错**，但你给我再多钱，我也不愿意陪陌生男人跳舞，喝酒，睡觉。　("话是没错" is used to continue a conversation by showing acknowledgement of a previous statement before bringing out a different point of view. It is usually followed by "但是，不过，可是….". It can be translated as "You are right, however…").

A: 雷锋是个那么无私的人，他值得我们永远尊敬。
B: **话是没错**，但我不想成为雷锋，我想当个实际一点的人。
A: Lei Feng is such a selfless person. He is worthy of everlasting respect.
B: You're right. However, I don't want to become Lei Feng. I want to be a practical person.

(繁體 Traditional characters: 話是沒錯，但你給我再多錢，我也不願意陪陌生男人跳舞，喝酒，睡覺。 / A: 雷鋒是個那麼無私的人，他值得我們永遠尊敬。B: 話是沒錯，但我不想成為雷鋒，我想當個實際一點的人。)

5．**好在**我是美国人，**要不然**我爸爸妈妈就只有我哥哥，没有我了。
("好在…, 要不然…" means "fortunately/luckily…, otherwise…" . "好在" and "要不然" may be used either together or separately).

好在我的孩子不那么顽皮，**要不然**我的麻烦就更多了。
Luckily my kids aren't that mischievous; otherwise, I would have a lot more trouble.

他昨天出车祸了，**好在**人没事。
He had a car accident yesterday. Fortunately he is alright.

你能来帮我太好了，**要不然**我今天一定做不完。

It is great that you can come to help. Otherwise, I definitely wouldn't be able to finish it today.

(繁體 Traditional characters:好在我是美國人，要不然我爸爸媽媽就只有我哥哥，沒有我了。/ 好在我的孩子不那麼頑皮，要不然我的麻煩就更多了。/ 他昨天出車禍了，好在人沒事。/ 你能來幫我太好了，要不然我今天一定做不完。)

4-5 例句 生词复习/ 生詞複習 (第一课)
无私 | 值得 | 永远 | 尊敬 | 顽皮 | 麻烦 | 车祸
無私 | 值得 | 永遠 | 尊敬 | 頑皮 | 麻煩 | 車禍
wúsī | zhídé | yǒngyuǎn | zūnjìng | wánpí | máfan | chēhuò

6．…., **更别说**我妹妹了。
("更别说"means "not even to mention." It is used to explain one's point by giving a further comparison).

A: 你还年轻，应该再要一个孩子。
B: 一个孩子已经够我忙了，**更别说**两个了。
A: You are still young. You should consider having one more child.
B: One child already makes me busy enough, not to mention two.

你再给我三天我也看不完这本书，**更别说**今天了。
Even if you give me three more days I won't be able to finish this book, let alone to finish it today.

(繁體 Traditional characters: …, 更別說我妹妹了。/ A: 你還年輕，應該再要一個孩子。B: 一個孩子已經夠我忙了，更別說兩個了。/ 你再給我三天我也看不完這本書，更別說今天了。)

7．中国政府**也是没办法**，你知道，中国的人口太多了。("没办法" means "to have no choice" or "there is nothing I can do about it." "也" or "也是" here eases the tension of an accusation or confrontation).

我知道我派你去访问那个农村你不高兴，可我**也没办法**呀。
I know that you are unhappy about me sending you to visit that village, but you know that I have no choice.

(繁體 Traditional characters: 中國政府也是沒辦法，你知道，中國的人口太多了。/ 我知道我派你去訪問那個農村你不高興，可我也沒辦法呀。)

8．**这样下去**，中国的男女比例问题会越来越严重。

("这样下去" can be used as a cohesive device meaning "to continue like that…" or "to go on like that." Sometimes you can use a verb in front of "下去," meaning "if the action continues like that."

姐姐:那孩子又踢你了吗？
弟弟:嗯。
姐姐:**这样下去**怎么行呢？你得跟老师说啊！
Elder sister: Did the kid kick you again?
Younger brother: Yes.
Elder sister: We can't let things stay like that. You have to tell the teacher.

(In the car) 你别再喝了，**这样喝下去**，一定会出车祸的。
Stop drinking. If you keep drinking like that, we will definitely get into an accident.

(繁體 Traditional characters: 這樣下去，中國的男女比例問題會越來越嚴重。/ 姐姐:那孩子又踢你了嗎？弟弟:嗯。姐姐:這樣下去怎麼行呢？你得跟老師說啊！/ 你別再喝了，這樣喝下去，一定會出車禍的。)

9. 看来印度也得学中国，开始独生子女政策**喽**。
("喽" here is a modal particle used at the end of a sentence to indicate that one is expecting a confirmation of his conclusion or suggestion from the listener. It is pronounced as "lo," like the sound combination of "了" and "喔" ["喔" pronounced as "aw" in "saw"]).

他给你打了三次电话你都不接，看来你是不打算接他的电话**喽**！
He called you three times and you didn't answer. It seems that you aren't going to answer his call.

A: 那我下礼拜就离开**喽**！
B: 好吧！
A: Well then, I'll leave next week.
B: Alright.

A: 那你是不愿意嫁给我**喽**！
B: 我没说我不愿意。
A: So, you are not willing to marry me, are you?
B: I didn't say I am not.

(繁體 Traditional characters: 看來印度也得學中國，開始獨生子女政策嘍。/ 他給你打了三次電話你都不接，看來你是不打算接他的電話嘍！/ A: 那我下禮拜就離開嘍！B: 好吧！/ A: 那你是不願意嫁給我嘍！B: 我沒說我不願意。)

10. A: 老王，听说你们家儿子娶了个律师做太太，每个月赚的钱比你儿子多多了吧？

44

B. 钱赚得多**有什么用**？

("有什么用", is a type of rhetorical question meaning "what is the use of it?" You can also say "…有什么好," meaning "what is good about it?" Finally, you could also use "有什么好 + verb + de.")

A: 你应该把钱存起来。
B: 把钱存起来**有什么好**？我就要赚一块花一块。
A: You should save your money.
B: What good is saving money? I just want to spend every dollar I make.
A: 我想和你商量一下这个问题。
B: **有什么好商量的**？你不是已经决定了吗？
A: Let's discuss this matter.
B: There is nothing to discuss. Didn't you already make a decision?

(繁體 Traditional characters: A: 老王，聽說你們家兒子娶了個律師做太太，每個月賺的錢比你兒子多多了吧？B. 錢賺得多有什麼用？ / A: 你應該把錢存起來。B: 把錢存起來有什麼好？我就要賺一塊花一塊。 / A: 我想和你商量一下這個問題。B: 有什麼好商量的？你不是已經決定了嗎？)

11.　老李，娶太太**千万**不能娶女强人。
("千万"is often used in an imperative sentence in conjunction with "要", "得", or "别". The word "可" is often used before "千万" to emphasize sincerity or negation).

明天的讨论会你**千万**要来！
Be sure to come for tomorrow's discussion.

他在开玩笑，你可**千万**别生气！
He was joking. Do not get angry, please.

(If not in an imperative sentence, "千万" is used to indicate the speaker's earnest desire or wish about something).

我希望这个周末**千万**别下雨，要不然我们就不能出去玩了。
I so wish it wouldn't rain this weekend; otherwise, we can't go out for fun.

我得走了，今天**千万**不能再迟到了。
I have to go now. I really can't be late again today.

(繁體 Traditional characters:老李，娶太太千萬不能娶女強人。/ 明天的討論會你千萬要來！/他在開玩笑，你可千萬別生氣！/ 我希望這個週末千萬別下雨，要不然我們就不能出去玩了。/我得走了，今天千萬不能再遲到了。)

农村 | 踢 | *离开 | 存钱 | 赚钱 | *商量 | *决定 | *开玩笑 | *迟到
農村 | 踢 | *離開 | 存錢 | 賺錢 | *商量 | 決定 | *開玩笑 | *遲到
nóngcūn | tī | *líkāi | cún qián | zhuànqián | *shāngliáng | juédìng | *kāiwánxiào | *chídào

12. **这么说来**，他们堕胎不是因为想要男孩？
("这么说来" is used as a cohesive device. It can be translated as "according to what you said…" or "so, in that case,…". What is stated after "这么说来" is a conclusion or estimation based on the information given earlier in the discourse).

　　这么说来，小李不是一个好丈夫。
　　In that case, Xiao Li wouldn't qualify as a good husband.

　　小李:中美乒乓球队的互相访问打开了两国之间的对话。
　　小张:**这么说来**，运动员对外交来说也很重要喽！
　　Xiao Li: The Chinese and American Ping-Pong teams' mutual visit started the dialogue between the two countries.
　　Xiao Zhang: So, I guess I would say athletes are also important to diplomacy.

(繁體 Traditional characters: 這麼說來，他們墮胎不是因為想要男孩？/ 這麼說來，小李不是一個好丈夫。/ 小李:中美乒乓球隊的互相訪問打開了兩國之間的對話。小張:這麼說來，運動員對外交來說也很重要喽！)

13. **那怎么行？** 为了工作就不要孩子，这样的观念怎么能让人接受。
("那怎么行" means "that is unacceptable" or "that is not ok". It is a strong negative response).
　　A: 妈妈，晚上我跟朋友一起看电视篮球赛。我十二点回来，你们别等我吃晚饭了。
　　B: **那怎么行**，你必须 10 点以前回来。
　　A: Mom, this evening I will watch basketball games on TV at my friends' house. I will be back at 12:00am so you needn't wait for me for dinner.
　　B: You can't do that. You must be back by 10:00pm.

(繁體 Traditional characters: 那怎麼行？為了工作就不要孩子，這樣的觀念怎麼能讓人接受。/ A: 媽媽，晚上我跟朋友一起看電視籃球賽。我十二點回來，你們別等我吃晚飯了。B: 那怎麼行，你必須 10 點以前回來。)

14. **我看**，你得跟你儿子他们好好说说。
("我看" is a colloquial expression meaning "I think". It brings up one's opinion, estimation, or suggestion. When you use "我看" you are a little surer than "我想").

46

我看，他不像是个顽皮的孩子。
I don't think he is a mischievous child.

这个老头的生活没那么贫穷，我看，我们还是别把钱捐给他了
I don't think this old man's life is that poor. We had better not donate the money to him.

(繁體 Traditional characters:我看，你得跟你兒子他們好好說說。/ 我看，他不像是個頑皮的孩子。/ 這個老頭的生活沒那麼貧窮，我看，我們還是別把錢捐給他了。)

12-14 例句 生词复习/ 生詞複習 (第一课)
*丈夫 | *互相 | 运动员 | 球赛 | 贫穷 | 捐钱
*丈夫 | *互相 | 運動員 | 球賽 | 貧窮 | 捐錢
*zhàngfū | *hùxiāng | yùndòngyuán | qiúsài | pínqióng | juān qián

课后练习(課後練習) Go to Workbook for exercises: I-1. 听力与口语用法 (聽力與口語用法) and I-2. 口语用法填空(口語用法填空)

口语练习 (口語練習) **Oral Practice**

Use the oral expressions you learned for the role-play discussion

哎呀！/ ...不行吗？/ 你说，.../ 话是没错，.../ ...,更别说...
好在...，要不然.../ ...也是没办法/ 这样下去，.../ ...喽
有什么 XX？/ 千万/ 这么说来，.../ 那怎么行？/ 我看，...

1. A-你觉得城市里不应该有色情行业
   B-你认为城市里有色情行业没什么不好

2. A-你觉得政府用政策来控制人口是好事
   B-你觉得政府的不应该用政策来控制人口

3. A-你要让妈妈知道娶个女强人的好处
   B-你是 A 的母亲，不希望他娶女强人

(繁體 Traditional characters)

哎呀！/ ...不行嗎？/ 你說，.../ 話是沒錯，.../ ...,更別說...
好在...，要不然.../ ...也是沒辦法/ 這樣下去，.../ ...嘍
有什麼 XX？/ 千萬/ 這麼說來，.../ 那怎麼行？/ 我看，...

1. A-你覺得城市裡不應該有色情行業
   B-你認為城市裡有色情行業沒什麼不好

2. A-你覺得政府用政策來控制人口是好事
   B-你覺得政府的不應該用政策來控制人口

3. A-你要讓媽媽知道娶個女強人的好處
   B-你是 A 的母親，不希望他娶女強人

听力文本 (聽力文本) Dialogue Transcripts

对话一

A. 你知道吗，小丽，最近这几年色情行业在上海、北京等大城市是个很大的问题。

B. 什么色情行业？

A. 哎呀，连色情行业你都没听说过？一个人为了赚钱，陪别人跳舞、喝酒、睡觉，这就是在色情行业工作。做色情工作的很多都是女人，当然也有男人。

B. 哦，我一直生活在农村，真不知道在城市里竟然有色情行业。这些女人为什么喜欢往色情行业里跳，在别的行业里找个工作不行吗？

A. 在别的行业不容易赚钱嘛！你说，在餐厅里做服务员，一个月才能赚多少钱啊？

B. 话是没错，但你给我再多钱，我也不愿意陪陌生男人跳舞，喝酒，睡觉。

A. 你想陪，人家还不一定要你陪呢！做色情小姐，得长得漂亮，也得知道怎么让自己看起来性感。

B. 我长得也不难看啊，要性感，少穿点衣服不就性感了吗？

A. 没那么简单，还有，你太沉默了，做色情小姐得喜欢开口说话，愿意跟别人交流。

B. 哎呀，小张，你们城里人讲究吃，讲究穿，怎么找小姐也这么多讲究啊？

A. 那当然。城里人干什么都很讲究，吃要吃好的，穿要穿贵的，找小姐要找漂亮、性感的，最好是上过大学的。

B. 什么？上过大学还会去做色情小姐？

A. 所以我说这是个问题嘛！

对话二

A. 大为，你有没有听说过中国的独生子女政策？

B. 没有啊，安妮，你给我说说？

A. 所谓独生子女政策，就是一家一个孩子的政策。因为中国人口太多了，政府要用这个政策来控制人口增长。

B. 真的呀，中国政府连人们生孩子都要管？好在我是美国人，要不然我爸爸妈妈就只有我哥哥，没有我，更别说我妹妹了。

A. 中国政府也是没办法，你知道，中国的人口太多了，如果不控制人口增长，经济就不能发展。

B. India 的人口也很多，他们有没有这个独生子女政策？

A. 印度没有这个政策，所以他们的人口增长得很快，有人说 2035 年以后，印度的人口会比中国还多。

B. 看来印度也得学中国，开始独生子女政策喽。

A. 不过这个政策也给中国社会带来很大的问题。

B. 哦？什么问题？

A. 男女比例问题，中国现在的男女比例差不多是一百一十五比一百。

B. 为什么会有这样的问题呢？

A. 这主要是因为传统观念。你知道，中国人都一定要有个男孩子。

B. 这样下去，中国的男女比例问题会越来越严重。

A. 也不一定，中国人的观念在改变，渐渐地他们会发现男孩女孩都一样好。

B. 希望会这样。另外，我觉得这个独生子女政策也不能太严格了，要不然，以后中国人口中老人的比例也会越来越大。

A. 所以 2015 年以后，人口政策改了，每家可以生两个孩子了！。

B: 嗯，这样好。

对话三

A. 老王，听说你们家儿子娶了个律师做太太，每个月赚的钱比你儿子多多了吧！

B. 钱赚得多有什么用？她这个女强人啊，每天都忙得不得了，家里的事都是我儿子做！

A. 你儿子对太太这么好，嫁给他做太太真不错啊！

B. 唉！我儿子也没办法。结婚以前他告诉我他要娶这个又漂亮又能干的女孩，我当然高兴，可一知道她是一个律师，我马上就反对。

A. 为什么呀？你不喜欢律师？

B. 你说，要是一个女人做律师，哪还有时间照顾家里？所以呀，老李，娶太太千万不能娶女强人。

A. 唉，他们俩好就行了，我们做父母的最好别管太多。

B. 他们要结婚我可以不管，但这次他们要堕胎，我可一定得管！

A. 什么？她怀孕了？那为什么要堕胎呢？是个女孩子吗？

B. 不知道是男孩还是女孩，现在怀孕以后，医院里不告诉你孩子的性别了。太多人知道是女孩后就想办法把孩子堕了。

A. 这么说来，他们堕胎不是因为想要男孩？

B. 我儿子他们没有重男轻女的观念，男孩女孩对他们来说都一样。现在都已经二十一世纪了，什么都讲究男女平等。

A. 对对对，你儿子他太太自己就是个女强人！那他们为什么要堕胎呢？

B. 还不就是为了工作嘛！有了孩子在工作上就做不成女强人了！

A. 那怎么行？为了工作就不要孩子，这样的观念怎么能让人接受。我看，你得跟你儿子他们好好说说。

B. 我已经告诉他们我反对堕胎，我要有个孙子。

A. 你说他们会听你的吗？

B. 我也不知道，唉，真让人伤脑筋，怎么办呢？！

(繁體 Traditional characters)

對話一

A. 你知道嗎，小麗，最近這幾年色情行業在上海、北京等大城市是個很大的問題。

B. 什麼色情行業？

A. 哎呀，連色情行業你都沒聽說過？一個人為了賺錢，陪別人跳舞、喝酒、睡覺，這就是在色情行業工作。做色情工作的很多都是女人，當然也有男人。

B. 哦，我一直生活在農村，真不知道在城市裡竟然有色情行業。這些女人為什麼喜歡往色情行業裡跳，在別的行業裡找個工作不行嗎？

A. 在別的行業不容易賺錢嘛！你說，在餐廳裡做服務員，一個月才能賺多少錢啊？

B. 話是沒錯，但你給我再多錢，我也不願意陪陌生男人跳舞，喝酒，睡覺。

A. 你想陪，人家還不一定要你陪呢！做色情小姐，得長得漂亮，也得知道怎麼讓自己看起來性感。

B. 我長得也不難看啊，要性感，少穿點衣服不就性感了嗎？

A. 沒那麼簡單，還有，你太沉默了，做色情小姐得喜歡開口說話，願意跟別人交流。

B. 哎呀，小張，你們城裡人講究吃，講究穿，怎麼找小姐也這麼多講究啊？

A. 那當然。城裡人幹什麼都很講究，吃要吃好的，穿要穿貴的，找小姐要找漂亮、性感的，最好是上過大學的。

B. 什麼？上過大學還會去做色情小姐？

A. 所以我說這是個問題嘛！

對話二

A. 大為，你有沒有聽說過中國的獨生子女政策？

B. 沒有啊，安妮，你給我說說？

A. 所謂獨生子女政策，就是一家一個孩子的政策。因為中國人口太多了，政府要用這個政策來控制人口增長。

B. 真的呀，中國政府連人們生孩子都要管？好在我是美國人，要不然我爸爸媽媽就只有我哥哥，沒有我，更別說我妹妹了。

A. 中國政府也是沒辦法，你知道，中國的人口太多了，如果不控制人口增長，經濟就不能發展。

B. India 的人口也很多，他們有沒有這個獨生子女政策？

A. 印度沒有這個政策，所以他們的人口增長得很快，有人說 2035 年以後，印度的人口會比中國還多。

B. 看來印度也得學中國，開始獨生子女政策嘍。

A. 不過這個政策也給中國社會帶來很大的問題。

B. 哦？什麼問題？

A. 男女比例問題，中國現在的男女比例差不多是一百一十五比一百。

B. 為什麼會有這樣的問題呢？

A. 這主要是因為傳統觀念。你知道，中國人都一定要有個男孩子。

B. 這樣下去，中國的男女比例問題會越來越嚴重。

A. 也不一定，中國人的觀念在改變，漸漸地他們會發現男孩女孩都一樣好。

B. 希望會這樣。另外，我覺得這個獨生子女政策也不能太嚴格了，要不然，以後中國人口中老人的比例也會越來越大。

A. 所以 2015 年以後，人口政策改了，每家可以生兩個孩子了！。

B: 嗯，這樣好。

對話三

A. 老王，聽說你們家兒子娶了個律師做太太，每個月賺的錢比你兒子多多了吧！

B. 錢賺得多有什麼用？她這個女強人啊，每天都忙得不得了，家裡的事都是我兒子做！

A. 你兒子對太太這麼好，嫁給他做太太真不錯啊！

B. 唉！我兒子也沒辦法。結婚以前他告訴我他要娶這個又漂亮又能幹的女孩，我當然高興，可一知道她是一個律師，我馬上就反對。

A. 為什麼呀？你不喜歡律師？

B. 你說，要是一個女人做律師，哪還有時間照顧家裡？所以呀，老李，娶太太千萬不能娶女強人。

A. 唉，他們倆好就行了，我們做父母的最好別管太多。

B. 他們要結婚我可以不管，但這次他們要墮胎，我可一定得管！

A. 什麼？她懷孕了？那為什麼要墮胎呢？是個女孩子嗎？

B. 不知道是男孩還是女孩，現在懷孕以後，醫院裡不告訴你孩子的性別了。太多人知道是女孩后就想辦法把孩子墮了。

A. 這麼說來，他們墮胎不是因為想要男孩？

B. 我兒子他們沒有重男輕女的觀念，男孩女孩對他們來說都一樣。現在都已經二十一世紀了，什麼都講究男女平等。

A. 對對對，你兒子他太太自己就是個女強人！那他們為什麼要墮胎呢？

B. 還不就是為了工作嘛！有了孩子在工作上就做不成女強人了！

A. 那怎麼行？為了工作就不要孩子，這樣的觀念怎麼能讓人接受。我看，你得跟你兒子他們好好說說。

B. 我已經告訴他們我反對墮胎，我要有個孫子。

A. 你說他們會聽你的嗎？

B. 我也不知道，唉，真讓人傷腦筋，怎麼辦呢？！

看小剧学动作动词 (看小劇學動作動詞)
Skit and Action Verbs

女强人

Watch the video (available at www.mychinesclass.com/video) to learn the action verbs and then retell the story in your own words.

Notes:
- 女强人/ 女強人/ nǚ qiángrén: strong woman (见阅读与讨论本 See Reading & Discussion)
- 自己来/ 自己來/ zìjǐ lái: to do it oneself
- 不用/ bùyòng: no need to
- 没办法/ 沒辦法 méi bànfǎ: have no way to do it
- 开玩笑/ 開玩笑 kāi wánxiào: to joke; just kidding

动作动词用法/動作動詞用法

- **拿** | ná | 他手上拿了很多东西。/你把那东西拿过来我看看/太多了，我拿不了！ (他手上拿了很多東西。/你把那東西拿過來我看看/太多了，我拿不了！)
- **背** | bēi | 背孩子/背书包/我走不动了，你背我吧！ (背孩子/背書包/我走不動了，你背我吧！)
- **抱** | bào | 我可以抱你一下吗？/他俩连睡觉都抱在一起/妈妈手里抱着个孩子。/他把女朋友抱了起来。/妈妈把弟弟抱进了房间。/你太重了，我抱不动你。 (我可以抱你一下嗎？/他俩連睡覺都抱在一起。/媽媽手裡抱着個孩子/他把女朋友抱了起來。/媽媽把弟弟抱進了房間。/你太重了，我抱不動你。)
- **提** | tí | 提行李/他手上提了三个袋子。 (提行李/他手上提了三個袋子。)
- **顶** | 頂 | dǐng | 那只小狗会用鼻子顶球/她的头上顶了一个大箱子/女人能顶半边天。 (那隻小狗會用鼻子頂球/她的頭上頂了一個大箱子/女人能頂半邊天。) (见阅读与讨论本:See Reading & Discussion)

Notes for sample sentences:
- 行李/ xínglǐ: luggage (第一课)
- 袋子/ dàizi: bag
- 鼻子/ bízi: nose
- 箱子/ xiāngzi: box; suitcase

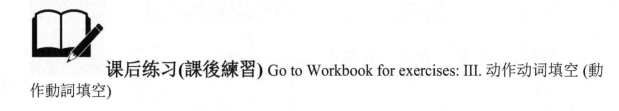 课后练习(課後練習) Go to Workbook for exercises: III. 动作动词填空 (動作動詞填空)

第三课　孩子，我要你比我强

听录音回答问题 (聽錄音回答問題) Listening Comprehension

对话一 (對話一) Dialogue 1:

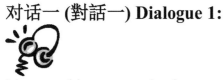

Listen to this conversation between Old Li and her writer friend. Try to learn new words from context clues. The vocabulary you learn in this dialogue will help you comprehend the reading text in the later section.

出版 | 畅销 | 读者 | 家长 | 培养
出版 | 暢銷 | 讀者 | 家長 | 培養
chūbǎn | chàngxiāo | dúzhě | jiāzhǎng | péiyǎng

生词复习 (生詞複習)

- 讲究 | 講究 | jiǎngjiū/jiǎngjiù | to be particular about, to stress | 第二课
- 教育 | 教育 | jiàoyù | to educate, education | 第二课
- 提供 | 提供 | tígōng | to provide | 第二课
- 交流 | 交流 | jiāoliú | to communicate with, communications | 第一课
- 伤脑筋 | 傷腦筋 | shāng nǎojīn | to cause sb. a headache; knotty; bothersome | 第二课
- 希望 | 希望 | xīwàng | to hope | 第一课(复习)
- 严格 | 嚴格 | yángé | strict | 第二课(复习)
- 鼓励 | 鼓勵 | gǔlì | to encourage | 第二课
- 观念 | 觀念 | guānniàn | ideas, concepts | 第二课
- 值得 | 值得 | zhídé | worth it, worthy | 第一课

根据对话一回答问题:

- 老李的书出版了吗？他的书是关于什么的？
- 你觉得他的书会卖得怎么样?为什么? 你会买他的书吗？

你的看法

- 你喜欢看什么样的书？谈一谈你所知道的畅销书。
- 在美国有很多培养孩子的书，你觉得这些书，翻译成中文以后，在中国出版，会变成畅销书吗？为什么？

(繁體 Traditional characters)
根據對話一回答問題:

- 老李的書出版了嗎？他的書是關於什麼的？
- 你覺得他的書會賣得怎麼樣?為什麼? 你會買他的書嗎？

你的看法

- 你喜歡看什麼樣的書？談一談你所知道的暢銷書。
- 在美國有很多培養孩子的書，你覺得這些書，翻譯成中文以後，在中國出版，會變成暢銷書嗎？為什麼？

对话二 (對話二) Dialogue 2:

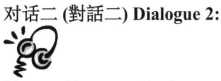

Listen to this conversation between Old Wang and a friend about China's one-child policy. Try to learn new words from context clues. The vocabulary you learn in this dialogue will help you comprehend the reading text in the later section.

笨 | 申请 | 名校 | 奖学金 | 免不了
笨 | 申請 | 名校 | 獎學金 | 免不了
bèn | shēnqǐng | míngxiào | jiǎngxuéjīn | miǎnbule

生词复习 (生詞複習)

- (哈佛 | 哈佛 | Hāfó | Harvard |)
- 竟然 | 竟然 | jìngrán | unexpectedly | 第二课
- 念书 | 念書 | niànshū | to study |
- 聪明 | 聰明 | cōngmíng | clever, smart |
- 聊天 | 聊天 | liáotiān | to chat with |
- 差 | 差 | chà | inferior | 第二课
- 敢 | 敢 | gǎn | dare |
- 光 | 光 | guāng | merely |
- 相信 | 相信 | xiāngxìn | to believe |
- 用功 | 用功 | yònggōng | to study hard |
- 长大 | 長大 | zhǎngdà | to grow up |
- 有道理 | 有道理 | yǒu dàolǐ | to have sense |
- 顽皮 | 頑皮 | wánpí | naughty | 第一课
- 不见得 | 不見得 | bù jiàndé | not necessarily |
- 鼓励 | 鼓勵 | gǔlì | to encourage | 第二课
- 参加 | 参加 | cānjiā | to participate |

- 课外活动 | 課外活動 | kèwài huódòng | extracurricular activities |
- 方面 | 方面 | fāngmiàn | aspect

根据对话二回答问题:

- 对话中的小明可以上一所什么样的大学？这为什么让老李没想到呢？男说话人老王对这件事有什么看法呢？
- 听了老王的话以后，老李在教育自己的孩子方面会有什么改变？

你的看法

- 你觉得学习不好的学生，应该不应该进名校念书？为什么？
- 你觉得名校更应该把奖学金给学习好的学生，还是更应该把奖学金给打球打得好的学生？为什么？

(繁體 Traditional characters)
根據對話二回答問題
- 對話中的小明可以上一所什麼樣的大學？這為什麼讓老李沒想到呢？男說話人老王對這件事有什麼看法呢？
- 聽了老王的話以後，老李在教育自己的孩子方面會有什麼改變？
你的看法
- 你覺得學習不好的學生，應該不應該進名校念書？為什麼？
- 你覺得名校更應該把獎學金給學習好的學生，還是更應該把獎學金給打球打得好的學生？為什麼？

对话三 (對話三) Dialogue 3:

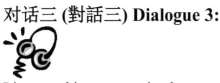

Listen to this conversation between Old Wang and Old Li about Xiao Ming's Harvard acceptance. Try to learn new words from context clues. The vocabulary you learn in this dialogue will help you comprehend the reading text in the later section.

不打不成器 | 重视 | 竞争 | 激烈 | 娇惯 | 家教
不打不成器 | 重視 | 競爭 | 激烈 | 嬌慣 | 家教
bù dǎ bùchéngqì | zhòngshì | jìngzhēng | jīliè | jiāoguàn | jiājiào

补习 | 逼 | 轻松 | 吃苦 | 讨厌 | 孤僻
補習 | 逼 | 輕鬆 | 吃苦 | 討厭 | 孤僻
bǔxí | bī | qīngsōng | chīkǔ | tǎoyàn | gūpì

生词复习 (生詞複習)

- 竟然 | 竟然 | jìngrán | unexpectedly | 第二课, D1, D2
- 气/生气 | 氣/生氣 | qì/shēngqì | angry |
- 名校 | 名校 | míngxiào | famous school | D2
- 却 | 卻 | què | but | 第一课
- 用功 | 用功 | yònggōng | to study hard | D2 (复习)
- 笨 | 笨 | bèn | stupid | D2 (复习)
- 比尔盖茨 | 比爾蓋茨 | Bǐ'ěr Gàicí | Bill Gates |
- 毕业 | 畢業 | bìyè | to graduate graduation |
- 讲究 | 講究 | jiǎngjiù | to be particular about, to stress | 第二课
- 培养 | 培養 | péiyǎng | to cultivate | D1
- 方面 | 方面 | fāngmiàn | aspect |
- 交流 | 交流 | jiāoliú | communicate with | 第一课, D1, D2

根据对话三回答问题

- 小丽的妈妈为什么打她？
- 小丽的爸爸和妈妈对教育小丽有什么不同的看法？

你的看法

- 你小的时候，如果考试考得不好，父母会怎么做？他们的做法对你有什么好的或不好的影响？
- 你的爸爸妈妈逼你做过什么事吗？他们为什么逼你？或者为什么不逼你？
- 培养孩子得讲究方法，除了打孩子或者给孩子请家教，你觉得还有什么鼓励孩子学习的好方法？

(繁體 Traditional characters)
根據對話三回答問題
- 小麗的媽媽為什麼打她？
- 小麗的爸爸和媽媽對教育小麗有什麼不同的看法？

你的看法

- 你小的時候，如果考試考得不好，父母會怎麼做？他們的做法對你有什麼好的或不好的影響？
- 你的爸爸媽媽逼你做過什麼事嗎？他們為什麼逼你？或者為什麼不逼你？
- 培養孩子得講究方法，除了打孩子或者給孩子請家教，你覺得還有什麼鼓勵孩子學習的好方法？

听力生词 (聽力生詞) Dialogue Vocabulary

1. 畅销 | 暢銷 | chàngxiāo | to sell in high volume; best-selling | 这本书很畅销。/这是本畅销书。/中国电视机畅销海内外。 (這本書很暢銷。/這是本暢銷書。/中國電視機暢銷海內外。)(海内外/海內外:in the nation and overseas 第一课)

2. 出版 | 出版 | chūbǎn | to come off the press; to publish (of books) | 出版字典/出版书/这本书是两千零三年出版的。/你的书出版了没有？ (出版字典/出版書/這本書是兩千零三年出版的。/你的書出版了沒有？) (字典 zìdiǎn: dictionary 零 líng:zero)

3. 家长 | 家長 | jiāzhǎng | the parent or guardian of a child | 家长会(parents' association)/严格的家长/家长和孩子的关系 (家長會/嚴格的家長/家長和孩子的關係) (严格/嚴格 yángé: strict)

4. 培养 | 培養 | péiyǎng | to cultivate; to foster; to educate | 培养孩子/培养一种观念/培养一种习惯 (培養孩子/培養一種觀念/培養一種習慣) (观念/觀念 guānniàn: concept, 第二课)

5. 读者 | 讀者 | dúzhě | reader (a person); readership | 一本书的读者/报纸的一位读者 (一本書的讀者/報紙的一位讀者)

6. 笨 | 笨 | bèn | stupid; foolish; clumsy | 笨方法/笨手笨脚 /你的想法真笨。/笨死了！/笨蛋！ (bèndàn:idiot)

7. 申请 | 申請 | shēnqǐng | to apply | 申请工作/申请大学 (申請工作/申請大學)

8. 名校 | 名校 | míngxiào | well-known schools | 一所名校。

9. 奖学金 | 獎學金 | jiǎngxuéjīn | scholarship; fellowship | 申请奖学金/获得一万元奖学金 (申請獎學金/獲得一萬元獎學金) (获得/獲得: huòdé: to receive)

10. 免不了 | 免不了 | miǎn-bùliǎo | to be unavoidable; bound to be |父母免不了为孩子的教育担心。| 这孩子吃得不好，睡得也少，生病是免不了的。 (父母免不了為孩子的教育擔心。/ 這孩子吃得不好, 睡得也少, 生病是免不了的。)

11. 轻松 | 輕鬆 | qīngsōng | to relax; relaxed; light; calm | 轻松的音乐/轻松的工作/感到轻松/轻松一下，别太累了。/这门课一点也不轻松。 (輕鬆的音樂/輕鬆的工作/感到輕鬆/輕鬆一下，別太累了。/這門課一點也不輕鬆。)

12. 逼 | 逼 | bī | to compel; to force | 逼孩子学习/逼妈妈给她买衣服/逼学生回答问题/别逼我！(逼孩子學習/逼媽媽給她買衣服/逼學生回答問題/別逼我！)

13. 补习 | 補習 | bǔxí | afterschool study; cram study 上补习班/补习英文/你的数学需要补习。(上補習班/補習英文/你的數學需要補習。)

14. 孤僻 | 孤僻 | gūpì | unsociable; eccentric (a negative usage); introverted | 孤僻的老人/这个人太孤僻了！(孤僻的老人/這個人太孤僻了！)

15. 讨厌 | 討厭 | tǎoyàn | to dislike; to be disgusted with; to be fed up with | 我讨厌这个地方。/你这个人真讨厌。/我讨厌住在大城市。(我討厭這個地方。/你這個人真討厭。/我討厭住在大城市。)

16. 激烈 | 激烈 | jīliè | intense; fierce; violent(ly) | 激烈的球赛/激烈的竞争/激烈地讨论问题/吵得很激烈 (激烈的球賽/激烈的競爭/激烈地討論問題/吵得很激烈) (球赛 qiúsài: ball games, 吵 chǎo: to argue: 第一课)

17. 竞争 | 競爭 | jìngzhēng | to compete; to vie for; competition | 自由竞争/名校之间的竞争/竞争得过/竞争不过/申请大学的竞争很激烈/我要跟她竞争这个工作。(自由競爭/名校之間的競爭/競爭得過/競爭不過/申請大學的競爭很激烈/我要跟她競爭這個工作。)

18. 家教 | 家教 | jiājiào | private tutor | 跟家教学习/请一名家教帮你。(跟家教學習/請一名家教幫你。)

19. 吃苦 | 吃苦 | chīkǔ | to endure hardship | 吃了很多苦/很能吃苦/吃不了苦/申请大学要吃很多苦。(吃了很多苦/很能吃苦/吃不了苦/申請大學要吃很多苦。)

20. 娇惯 | 嬌慣 | jiāoguàn | to spoil; to pamper; pampering | 别娇惯这孩子。/这孩子被娇惯坏了。/他把女朋友娇惯坏了。/她从小受到父母的娇惯。(別嬌慣這孩子。/這孩子被嬌慣壞了。/他把女朋友嬌慣壞了。/她從小受到父母的嬌慣。)

21. 不打不成器 | 不打不成器 | bùdǎ-bùchéngqì | "spare the rod, spoil the child" | 不打不成器的传统观念/A: 你干吗打孩子？B: 不打不成器啊！(不打不成器的傳統觀念/A: 你幹嘛嗎打孩子？B: 不打不成器啊！)

课后练习 (課後練習)：Go to workbook for exercises II-1. 听力生词 (聽力生詞) and IV-1 汉字部件:a. 听力生词 (漢字部件: 聽力生詞)

口语用法 (口語用法) Oral Expressions

1. 上次你说你的书要出版了，我在书店里**怎么找都找不到**！ **到底**出版了没？
("怎么+Verb+都/也" is a pattern that can be translated as "no matter how hard one tries, still/just not …" . There can be two subjects in this pattern such as "我怎么说他都不听", which means "No matter what I said, he still wouldn't listen).

> 权力在女人的手上，男人们**怎么**争取**都**没有用的。
> Power is the hands of women. No matter how hard men try to gain power, their efforts are in vain.

> 他那传统的老观念，**怎么**改**也**改不过来。
> It is impossible to change his traditional beliefs.

(When**"到底"**is used in an interrogative sentence, it imparts a strong sense of impatience, anxiety, or eagerness).

> 昨天你说去，今天又说不去，你**到底**去不去？
> Yesterday you said you would go, today you said that you won't go. Are you going or not?!

> 昨天那个给你打电话的人**到底**是谁？
> Who exactly is the one who called you yesterday?

> 他**到底**跟你说了什么？
> What on earth did he tell you?

(繁體 Traditional Character: 上次你說你的書要出版了，我在書店裡怎麼找都找不到! 到底出版了沒？ / 權力在女人的手上，男人們怎麼爭取都沒有用的。 / 他那傳統的老觀念，怎麼改也改不過來。/昨天你說去，今天又說不去，你到底去不去？ / 昨天那個給你打電話的人到底是誰？ / 他到底跟你說了什麼？)

1. 例句 生词复习/ 生詞複習 (第二课)
权力 | 争取 | 传统 | 观念
權力 | 爭取 | 傳統 | 觀念
quánlì | zhēngqǔ | chuántǒng | guānniàn

2. 嗯！你这个观念很有意思，**看来**你的书真的值得看喽。
("看来" means "it seems" or "it looks like" . It is similar to "我看", but "我看" leans more

towards one's own subjective feeling, and can introduce one's suggestion; "看来" tends to introduce a judgment or estimation based on the information mentioned). See L2

看来你并不相信我说的话。
It seems that you don't believe what I said.

太晚了，看来我们今天去不成了。
It is too late. It looks like we shouldn't go today.

A: 中国同意派乒乓球队到美国访问了！
B: 是吗？看来中美两国的关系要慢慢好起来了。
A: China agreed to send its Ping-Pong team to visit the US.
B: Really? It looks like the relationship between China and the U.S. will start to get better.

(繁體 Traditional characters: 嗯！你這個觀念很有意思，看來你的書真的值得看嘍。/ 看來你並不相信我說的話。/ 太晚了，看來我們今天去不成了。/ A: 中國同意派乒乓球隊到美國訪問了！B: 是嗎？看來中美兩國的關係要慢慢好起來了。)

3. 你不能光看考试，我相信小明一定很聪明。
("光" can be an adverb used before a verb meaning "only, simply" in spoken Chinese. It is not used in front of a quantity).

我问她爱不爱我，她光笑不说话。
I asked her if she is in love, she simply smiled and said nothing.

他怎么可以光吃不干？太自私了！
How can he only eat but not work? That is too selfish.

(繁體 Traditional characters: 你不能光看考試，我相信小明一定很聰明。/ 我問她愛不愛我，她光笑不說話。/ 他怎麼可以光吃不幹？太自私了！)

4. 小孩子哪有不想玩的？顽皮、不用功是免不了的。
("免不了"means "hard to avoid; unavoidable". It is usually used before a verb phrase, or in the pattern of "…是免不了的". "难免" has the same meaning and function as "免不了", but less colloquial).

他的父亲很重视他的考试。要是他没考好，他的父亲免不了会生气。
His father attaches the most importance to his tests. If he doesn't test well, it's hard to avoid making his father angry.

小孩子什么都不懂，做错事是难免的。

The small child doesn't understand anything, so his mistakes are unavoidable.

(繁體 Traditional characters: 小孩子哪有不想玩的？頑皮、不用功是免不了的。/ 他的父親很重視他的考試。要是他沒考好，他的父親免不了會生氣。/ 小孩子什麼都不懂，做錯事是難免的。)

2-4 例句 生词复习/ 生詞複習 (第一课)

值得 | 乒乓 | 球队 | 访问 | 聪明 | 自私 | 顽皮 | *干| *错
值得 | 乒乓 | 球隊 | 訪問 | 聰明 | 自私 | 頑皮 | *幹| *錯
zhídé | pīngpāng | qiú duì | fǎngwèn | cōngmíng | zìsī | wánpí | gàn | cuò

5．**所以说嘛**，孩子小时候笨不见得就真的笨。
("所以说嘛/呀" is used in a discourse meaning "that's the reason why" or "that's just the point". Usually the speaker uses "所以说嘛/呀" after he knows the listener consents the points he mentioned earlier in the discourse).

A: 实行独生子女政策以后，中国的人口成长得到了很好的控制。
B: **所以说嘛**！共产党政府也有它好的地方。人口如果太多不控制是不行的。
A: After carrying out the one-child policy, China's population growth is under very good control.
B: See, that's why we say there are things good about a communist government. The problem of population growth has to be controlled.

A: 看来老王开饭馆真赚了不少钱呀！
B: **所以说嘛**，我告诉你我们也该找个好地方开个饭馆。
A: It seems that Lao Wang has earned a lot of money by running a restaurant.
B: That is why I told you that we should find a good place to run a restaurant, too.

(繁體 Traditional characters: 所以說嘛，孩子小時候笨不見得就真的笨。/ A: 實行獨生子女政策以後，中國的人口成長得到了很好的控制。B: 所以說嘛！共產黨政府也有它好的地方。人口如果太多不控制是不行的。/ A: 看來老王開飯館真賺了不少錢呀！B: 所以說嘛，我告訴你我們也該找個好地方開個飯館。)

6．哎，你怎么能打孩子呢？别打别打！**有话跟她好好说嘛**！
(When you say "**有话好好说**" to someone, you ask him or her to calm down and have a peaceful conversation instead of initiating a quarrel or a fight).

别吵了！**有话**坐下来**好好说**清楚。
Stop fighting! Sit down and calmly talk things through.

你怎么打人呢？**有话好好说**。
You can't hurt people. Speak nicely (to resolve the matter).

(繁體 Traditional characters: 哎，你怎麼能打孩子呢？別打別打！有話跟她好好說嘛！ /
別吵了！有話坐下來好好說清楚。 / 你怎麼打人呢？有話好好說。)

5-6 例句 生词复习/ 生詞複習 (第二课)
实行 | 独生子女 | 政策 | 人口 | 共产党 | 政府 | *赚钱(L1) | *清楚
實行 | 獨生子女 | 政策 | 人口 | 共產黨 | 政府 | *賺錢(L1) |
shíxíng | dúshēngzǐ nǚ | zhèngcè | rénkǒu | gòngchǎndǎng | zhèngfǔ | zhuànqián | qīngchǔ

7. 你看看，小丽她这次考试竟然只**给我**考了二十分。("给我" can be used in front of a verb phrase to show one's anger and indignation or to indicate one's commanding or threatening tone. In this sentence, it means, "How could this happen to me?!")

他怎么能**给我**去干色情工作！
How can he work in the sex industry! How could he do that to me!

我要带你去见我的父母。你竟然**给我**穿得这么性感。
I'm bringing you to see my parents. How could you dress so immodestly?

你想出去玩得先**给我**把功课做完。
If you want to play, you have to finish your homework first.

(繁體 Traditional characters:你看看，小麗她這次考試竟然只給我考了二十分。 / 他怎麼能給我去幹色情工作！ / 我要帶你去見我的父母。你竟然給我穿得這麼性感。 / 你想出去玩得先給我把功課做完。)

8. 把我给气死了！
("把我给气死了" or "气死我了" means "it really pissed me off").

今天小王**把我给气死了**！他说来跟我一起复习数学，结果我在图书馆等了他三个小时他都没来。
Today Xiao Wang really pissed me off. He said that he would join me to review math, but it turned out that I waited him for three hours at the library and he still didn't show up.

("给" can be used before the verb in a "把" or "被" sentence for stress. While using "给", "被" is often replaced by "让" or "叫".)

她男朋友把她的水**给**喝了。
Her boyfriend drank all her water.

这孩子让/**叫**他爸爸**给**惯坏了。
This kid's dad spoiled him rotten.

(繁體 Traditional characters:把我給氣死了！ / 今天小王把我給氣死了！他說來跟我一起複習數學，結果我在圖書館等了他三個小時他都沒來。 / 她男朋友把她的水給喝了。 / 這孩子讓/叫他爸爸給慣壞了。)

9. **二十分就二十分，你别那么重视考试嘛！** ("XX 就 XX" means "it's okay" or "so be it!". "就" here indicates one's passive acceptance or resignation. Sometimes it indicates one's indifference).

当二奶**就**当二奶，我不怕别人笑我。
I'm fine with being a concubine. I don't care if people laugh at me.

受处罚**就**受处罚，谁让我犯了罪呢？
I'm fine with taking the punishment. I have no one to blame for my crime.

A: 你想跟我一起旅行可以，但你得每天开车。
B: 开车**就**开车，我不怕每天开车。
A: You can travel with me, but then you have to drive every day.
B: That is fine. I am not afraid of driving every day.

A: 对不起，我把你的书丢了。
B: 丢了**就**丢了，别担心。
A: I am sorry that I lost your book.
B: If it is lost, it is lost. Don't worry.

(繁體 Traditional characters:二十分就二十分，你别那麼重視考試嘛！ / 當二奶就當二奶，我不怕別人笑我。 / 受處罰就受處罰，誰讓我犯了罪呢？ / A: 你想跟我一起旅行可以，但你得每天開車。B: 開車就開車，我不怕每天開車。 / A: 對不起，我把你的書丟了。B: 丟了就丟了，別擔心。)

7-9 例句 生词复习/ 生詞複習 (第二课)
色情行业 | 性感 | 二奶 | 处罚 | 犯罪 | *丢 |
色情行業 | 性感 | 二奶 | 處罰 | 犯罪 | *丟 |
sèqíng hángyè | xìnggǎn | èrnǎi | chǔfá | fànzuì | *diū |

10. 上不了名校有**什么大不了的**? 我只要我们孩子高高兴兴地生活。
("有什么大不了的" or "没什么大不了的" both mean, "It is not a big deal" and/or "it is nothing serious, alarming, or remarkable").

他只是给学校捐了一点钱，**有什么大不了的**？
He just donated a little money to school. It's nothing remarkable.

你的手机只是没电了，**没什么大不了的**问题。
Your cell phone is just out of battery, it is not a big deal.

(繁體 Traditional characters)上不了名校有什麼大不了的? 我只要我們孩子高高興興地生活。/ 他只是給學校捐了一點錢，有什麼大不了的？/ 你的手機只是沒電了，沒什麼大不了的問題。

11. **谁说**我们小丽笨? 她还小。
("谁说" can be used in a rhetorical question to oppose an idea, meaning "says who?").

A: 美国的东西太贵了，很多东西我都等回到中国以后再买。
B: **谁说**美国的东西贵？有的东西比在中国买便宜多了。
A: Everything in the U.S.A. is too expensive. There are many things I have to wait until I return to China to buy.
B: Who says American is expensive? There are a lot of things that are much cheaper here than in China.

谁说这家饭馆的生意不好？你看， 顾客不是很多吗？
Who said that this restaurant doesn't have a good business? Look, aren't there a lot of customers?

(繁體 Traditional characters)誰說我們小麗笨? 她還小。/ A: 美國的東西太貴了，很多東西我都等回到中國以後再買。B: 誰說美國的東西貴？有的東西比在中國買便宜多了。/ 誰說這家飯館的生意不好？你看， 顧客不是很多嗎？

12. 你这样…，**到时候**她不爱说话，一个朋友也没有，你会高兴吗？
("到时候 XX" is a transition of "到 XX 的时候." It can be translated as "then" or "when the time comes." It carries an assumption that a change will happen or the time will come).

我给你介绍女朋友你不要，**到时候**娶不到老婆可别哭。
You don't want me introduce potential girlfriends to you. Just don't cry when you can't find a wife.
你先别问。**到时候**就知道了。
Don't ask now. You will know when the time comes.

她没有马上同意，但**到时候**也不一定会反对。
She didn't agree right away, but she might not oppose it when the time comes.

(繁體 Traditional characters)你這樣…，到時候她不愛說話，一個朋友也沒有，你會高興嗎？/ 我給你介紹女朋友你不要，到時候娶不到老婆可別哭。

8-12 例句 生词复习/ 生詞複習 (第一二课)

捐钱 | 顾客 | 娶
捐錢 | 顧客 | 娶
juān qián | gùkè | qǔ

 课后练习(課後練習) Go to Workbook for exercises: I-1. 听力与口语用法 (聽力與口語用法) and I-2. 口语用法填空(口語用法填空)

口语练习 (口語練習) Oral Practice

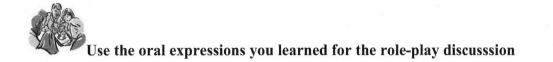

Use the oral expressions you learned for the role-play discusssion

怎么+Verb+ 都/　到底 /　看来/　所以说嘛... /　光+Verb Phrase /
谁说... /　有话好好说 /　给我+VP/　XX 就 XX /
(没)有什么大不了的 /　到时候

1. A— 你写了一本关于培养孩子的书，但是卖得很不好。你希望你的朋友可以帮你。B —你的朋友希望你帮他，让他的书成为畅销书。但其实你不太关心他的书，也不是很想帮他。

2. A—你的儿子现在六年级，你想让他补习，让他为申请大学做准备。B—你觉得太太对孩子太严格了。你希望孩子轻松一点。

(繁體 Traditional characters)

怎麼+Verb+ 都/　到底 /　看來/　所以說嘛... /　光+Verb Phrase /
誰說... /　有話好好說 /　給我+VP/　XX 就 XX /
(沒)有什麼大不了 的/　到時候

1. A— 你寫了一本關於培養孩子的書，但是賣得很不好。你希望你的朋友可以幫你。B —你的朋友希望你幫他，讓他的書成為暢銷書。但其實你不太關心他的書，也不是很想幫他。

2. A—你的兒子現在六年級，你想讓他補習，讓他為申請大學做準備。B—你覺得太太對孩子太嚴格了。你希望孩子輕鬆一點。

听力文本 (聽力文本) Dialogue Transcripts

对话一

A. (女)老李，上次你说你的书要出版了，我在书店里怎么找都找不到！到底出版了没？

B. 还没呢，快了，再过三四个月你再去书店里看看。

A. 那太好了。你的书出版以后一定很畅销，头一个星期就能卖五六千本。

B. 我也希望我的书能畅销，能有很多读者。

A. 你放心，一定会有很多读者的。你的书是教人怎么培养孩子的，现在一家就一个孩子，每个家长都很关心对孩子的培养和教育。

B. 是啊！我希望关心孩子的家长们都会买这本书，都成为我的读者。我的书给读者介绍了很多培养孩子的方法。

A. 哎，说真的，培养孩子可不简单，跟孩子交流最让人伤脑筋。

B. 是啊，小文，培养孩子要讲究方法，不能太严格，要多鼓励他们，跟孩子做朋友。

A. 嗯！你这个观念很有意思，看来你的书真的值得看喽。

对话二

A. 老王，你听说了吧，小明考上了哈佛，真没想到，像小明这么笨的孩子，竟然能进名校念书。

B. 唉，老李，你怎么说小明笨呢？能申请上哈佛这样的名校，应该很聪明啊！

A. 我常常跟小明的爸爸聊天，你不知道，小明小时候每次考试只能考个三四十分，比我的孩子差多了，我以为他连名校都不敢申请呢。

B. 哈！真的啊！我没想到他小时候是个让人伤脑筋的孩子呢！

A. 是啊！谁能想到这些学校不但要他，还给他奖学金。他上大学，他爸妈连一分钱都不用花。

B. 这些名校是不会要笨学生的，你不能光看考试，我相信小明一定很聪明。

A. 我看他是因为篮球打得好才申请到奖学金的。

B. 只会打球，不会读书是申请不上名校的。我看，小明小时候只是不用功，不喜欢考试。长大了，知道用功，就不一样了。

A. 嗯，你说的也有道理，小孩子哪有不想玩的？顽皮、不用功是免不了的。

B. 所以说嘛，孩子小时候笨不见得就真的笨，小时候学习好，也不见得就能考上名校。申请名校啊，看的不只是学习的好坏。

A. 唉，我的孩子明年也要申请大学了，他学习一直很好，听你这么说，我应该多鼓励他参加课外活动，这样申请名校才更有希望啊。

对话三

A. 哎，你怎么能打孩子呢？别打别打！有话跟她好好说嘛！

B. 不打不成器嘛！你看看，小丽她这次考试竟然只给我考了二十分。把我给气死了！

A. 别生气，别生气，二十分就二十分，你别那么重视考试嘛！

B. 当然要重视考试了，现在竞争这么激烈，考试考不好，以后怎么上名校？

A. 上不了名校有什么大不了的，我只要我们孩子高高兴兴地生活。

B. 小丽都是让你给娇惯坏了！你看看她，一点都不知道用功。我每个月花那么多钱给她请家教，给她补习，她竟然只考了二十分，气死我了！

A. 唉，周末哪个孩子不想轻松一下，好好玩一玩，你却逼小丽去补习，她能用功吗？我看啊，你花的钱一点用都没有。

B. 那你说我们怎么办？她那么笨，在学校学不好，不请家教怎么能行？

A. 谁说我们小丽笨，她还小，总想玩，讨厌学习，等她大一点，知道学了，考试一定能考好。

B. 你就会娇惯她，现在不让她吃苦，长大以后，她上不了好大学，找不到好工作，她这一生会有吃不完的苦。

A. 谁说上不了好大学就找不到好工作？人家比尔.盖茨大学也没毕业呀？

B.有几个人能像比尔.盖茨？

A. 我的意思是教育孩子得讲究方法，你这样逼她、打她，她会更讨厌学习，也会越来越孤僻，到时候她不爱说话，一个朋友也没有，你会高兴吗？

B. 那你说我该怎么教育？

A. 我们应该看一些培养孩子方面的书，也得跟别的父母交流交流。

B. 好吧，我听你的。

(繁體 Traditional characters)

對話一

A. (女)老李，上次你說你的書要出版了，我在書店裡怎麼找都找不到！ 到底出版了沒？

B. 還沒呢，快了，再過三四個月你再去書店裡看看。

A. 那太好了。你的書出版以後一定很暢銷，頭一個星期就能賣五六千本。

B. 我也希望我的書能暢銷，能有很多讀者。

A. 你放心，一定會有很多讀者的。你的書是教人怎麼培養孩子的，現在一家就一個孩子，每個家長都很關心對孩子的培養和教育。

B. 是啊！ 我希望關心孩子的家長們都會買這本書，都成為我的讀者。我的書給讀者介紹了很多培養孩子的方法。

A. 哎，說真的，培養孩子可不簡單，跟孩子交流最讓人傷腦筋。

B. 是啊，小文，培養孩子要講究方法，不能太嚴格，要多鼓勵他們，跟孩子做朋友。

A. 嗯！你這個觀念很有意思，看來你的書真的值得看嘍。

對話二

A. 老王，你聽說了吧，小明考上了哈佛，真沒想到，像小明這麼笨的孩子，竟然能進名校念書。

B. 唉，老李，你怎麼說小明笨呢？能申請上哈佛這樣的名校，應該很聰明啊！

A.我常常跟小明的爸爸聊天，你不知道，小明小時候每次考試只能考個三四十分，比我的孩子差多了，我以為他連名校根本都不敢申請呢。

B. 哈！真的啊！我沒想到他小時候是個讓人傷腦筋的孩子呢！

A. 是啊！誰能想到這些學校不但要他，還給他獎學金。他上大學，他爸媽連一分錢都不用花。

B. 這些名校是不會要笨學生的，你不能光看考試，我相信小明一定很聰明。

A. 我看他是因為籃球打得好才申請到獎學金的。

B. 只會打球，不會讀書是申請不上名校的。我看，小明小時候只是不用功，不喜歡考試。長大了，知道用功，就不一樣了。

A. 嗯，你說的也有道理，小孩子哪有不想玩的？頑皮、不用功是免不了的。

B. 所以說嘛，孩子小時候笨不見得就真的笨，小時候學習好，也不見得就能考上名校。申請名校啊，看的不只是學習的好壞。

A. 唉，我的孩子明年也要申請大學了，他學習一直很好，聽你這麼說，我應該多鼓勵他參加課外活動，這樣申請名校才更有希望啊。

對話三

A. 哎，你怎麼能打孩子呢？別打別打！有話跟她好好說嘛！

B. 不打不成器嘛！你看看，小麗她這次考試竟然只給我考了二十分。把我給氣死了！

A. 別生氣，別生氣，二十分就二十分，你別那麼重視考試嘛！

B. 當然要重視考試了，現在競爭這麼激烈，考試考不好，以後怎麼上名校？

A. 上不了名校有什麼大不了的，我只要我們孩子高高興興地生活。

B. 小麗都是讓你給嬌慣壞了！你看看她，一點都不知道用功。我每個月花那麼多錢給她請家教，給她補習，她竟然只考了二十分，氣死我了！

A. 唉，周末哪個孩子不想輕鬆一下，好好玩一玩，你卻逼小麗去補習，她能用功嗎？我看啊，你花的錢一點用都沒有。

B. 那你說我們怎麼辦？她那麼笨，在學校學不好，不請家教怎麼能行？

A. 誰說我們小麗笨，她還小，總想玩，討厭學習，等她大一點，知道學了，考試一定能考好。

B. 你就會嬌慣她，現在不讓她吃苦，長大以後，她上不了好大學，找不到好工作，她這一生會有吃不完的苦。

A. 誰說上不了好大學就找不到好工作？人家比爾.蓋茨大學也沒畢業呀？

B.有幾個人能像比爾.蓋茨？

A. 我的意思是教育孩子得講究方法，你這樣逼她、打她，她會更討厭學習，也會越來越孤僻，到時候她不愛說話，一個朋友也沒有，你會高興嗎？

B. 那你說我該怎麼教育？

A. 我們應該看一些培養孩子方面的書，也得跟別的父母交流交流。

B. 好吧，我聽你的。

看小剧学动作动词 (看小劇學動作動詞) Skit and Action Verbs

<u>我不想念书(我不想念書)</u>

Watch the video (available at www.mychinesclass.com/video) to learn the action verbs and then retell the story in your own words.

Notes:
- 渴/ 渴 / kě: thirsty
- 痒/ 癢/ yang: itchy
- 坐直/zuò zhí: sit up straight
- 一会儿…, 一会儿又…/ 一會兒…, 一會兒又…/ yīhuǐ'er…, yīhuǐ'er yòu…: have one thing to do after another

动作动词用法/動作動詞用法

- **趴** | pā | 她趴在桌上睡着了。/ 小心！快趴下！/ 他的背一躺下去就疼，只好趴着睡。/小狗趴在主人的身边，静静地等着。(她趴在桌上睡著了。/ 小心！快趴下！/ 他的背一躺下去就疼，只好趴着睡。/小狗趴在主人的身邊，靜靜地等着。)
- **骂** | 罵 | mà | 她做错了事，被老板骂了。/ 他骂小明"笨蛋"。/ 你生气，但不能用脏话骂人。(她做錯了事，被老闆罵了。/ 他罵小明"笨蛋"。/ 你生氣，但不能用髒話罵人。)
- **倒** | dào | 倒水/ 倒茶/ 把水倒进杯子里/ 杯子里的水已经倒满了。 | 倒水/ 倒茶/倒垃圾/把水倒進杯子里/ 杯子里的水已經倒滿了。
- **抓** | zhuā | 他抓抓头，像是在想什么。/ 她抓着我的手不放。/ 小猫把沙发抓破了。| 他抓抓頭，像是在想什麼。/ 她抓着我的手不放。/ 小貓把沙發抓破了。

Notes for sample sentences:
- 躺 tǎng: to lie down
- 主人/ zhǔrén: owner, master
- 错/ 錯/ cuò: mistake, wrong
- 老板/ 老闆/ lǎobǎn: boss, shop owner
- 笨蛋/ bèndàn: idiot
- 脏话/ 髒話/ zānghuà: dirty words
- 垃圾/lèsè/ lājī : trash
- 猫/ 貓/ māo: cat
- 沙发/ 沙發/ shāfā: sofa

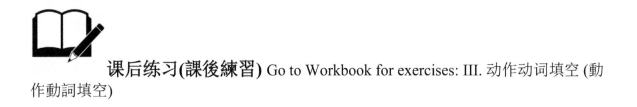课后练习(課後練習) Go to Workbook for exercises: III. 动作动词填空 (動作動詞填空)

第四课　平凡人与富二代/平凡人與富二代

听录音回答问题 (聽錄音回答問題) Listening Comprehension

对话一 (對話一) Dialogue 1:

Listen to this conversation between Little Zhang and her friend about her daughter's plans after graduation. Try to learn new words from context clues. The vocabulary you learn in this dialogue will help you comprehend the reading text in the later section.

欧洲 | 海外 | 移民 | 创业 | 海归 | 不景气
歐洲 | 海外 | 移民 | 創業 | 海歸 | 不景氣
Ōuzhōu | hǎiwài | yímín | chuàngyè | hǎiguī | bù jǐngqì

生词复习 (生詞複習)

- 留 | 留 | liú | to stay |
- 习惯 | 習慣 | xíguàn | to get used to; habit |
- 老板 | 老闆 | lǎobǎn | boss |

根据对话一回答问题

- 小张的女儿现在在哪儿？她在那儿做什么？

- 男说话人为什么觉得小张的女儿回中国比较好？小张的女儿怎么想？

- 用中文说一说 "海归"和"移民"是什么意思。
- 为什么小张觉得女儿回国创业并不容易？

你的看法
- 说一说你认识的中国留学生。他们为什么到海外留学？你会建议他们留在海外还是回中国去？为什么？
- 你觉得经济不景气的时候，创业和找工作哪个更好？为什么？

(繁體 Traditional characters)
根據對話一回答問題
- 小張的女兒現在在哪兒？她在那兒做什麼？
- 男說話人為什麼覺得小張的女兒回中國比較好？小張的女兒怎麼想？

- 用中文說一說 "海歸"和"移民"是什麼意思。
- 為什麼小張覺得女兒回國創業並不容易？

你的看法
- 說一說你認識的中國留學生。他們為什麼到海外留學？你會建議他們留在海外還是回中國去？為什麼？
- 你覺得經濟不景氣的時候，創業和找工作哪個更好？為什麼？

对话二 (對話二) Dialogue 2:

Listen to this conversation between two friends about Chinese people's influence overseas. Try to learn new words from context clues. The vocabulary you learn in this dialogue will help you comprehend the reading text in the later section.

房价 | 不安 | 出走 | 升高 | 豪宅 | 可悲
房價 | 不安 | 出走 | 升高 | 豪宅 | 可悲
fángjià | bù'ān | chūzǒu | shēng gāo | háozhái | kěbēi

生词复习 (生詞複習)

- 发展 | 發展 | fāzhǎn | to develop; development |
- 赚 | 賺 | zhuàn | to earn | 第一课
- 担心 | 擔心 | dānxīn | to worry |
- 搬家 | 搬家 | bānjiā | to move (house) |
- 换 | 換 | huàn | to change; to replace |
- 普通 | 普通 | pǔtōng | ordinary |

根据对话二回答问题:

- 这两个说话人在哪儿？他们在讨论什么事情？
- 那个地方的房价为什么越来越高？
- 房价升高得快，本来住在那里的加拿大人高兴吗？为什么？
- 为什么说话人觉得不需要为本来住在那儿的人感到可悲？

你的看法

- 如果你有钱，你会把钱用来买豪宅，还是会用在别的地方？为什么？

- 说一说，你认识的人里，有哪些是希望或不希望他们住的地方有很多外国人或者新移民的？为什么？

(繁體 Traditional characters)
根據對話二回答問題：

- 這兩個說話人在哪兒？他們在討論什麼事情？
- 那個地方的房價為什麼越來越高？
- 房價升高得快，本來住在那裡的加拿大人高興嗎？為什麼？
- 為什麼說話人覺得不需要為本來住在那兒的人感到可悲？

你的看法

- 如果你有錢，你會把錢用來買房子，還是會用在別的地方？為什麼？

- 你認識的人裡，有哪些是希望或不希望他們住的地方有很多外國人，或新移民的？為什麼？

对话三 (對話三) Dialogue 3:

Listen to this conversation between two friends when they see Old Wang's son on a TV show. Try to learn new words from context clues. The vocabulary you learn in this dialogue will help you comprehend the reading text in the later section.

代 | 影视 | 红人 | 名气 | 富二代 | 平凡
代 | 影視 | 紅人 | 名氣 | 富二代 | 平凡
dài | yǐngshì | hóng rén | míngqì | fù èr dài | píngfán
白手起家 | 自信 | 租房 | 难题 | 人生 | 所有
白手起家 | 自信 | 租房 | 難題 | 人生 | 所有
báishǒuqǐjiā | zìxìn | zūfáng | nántí | rénshēng | suǒyǒu

生词复习 (生詞複習)

- 节目 | 節目 | jiémù | program
- 对象 | 對象 | duìxiàng | object, prospect spouse
- 公司 | 公司 | gōngsī | a company
- 计划 | 計劃 | jìhuà | to plan, a plan

- 相亲 | 相親 | xiàngqīn | matchmaking

根据对话三回答问题:

- 老王的儿子为什么在电视里?
- 说话人觉得节目里的女孩子为什么要上电视?

79

- 老王的儿子和富二代有什么不一样？他很难过自己不是个富二代吗？

- 女孩子给了老王的儿子什么难题？
- 说话人觉得女孩子更应该问老王儿子什么样的问题？

你的看法

- 你看不看电视"相亲"节目？为什么？在你看来电视相亲节目为什么这么受欢迎？
- 你认为找男朋友和找女朋友最重要的是什么？

(繁體 Traditional characters)
根據對話三回答問題：
- 老王的兒子為什麼在電視裡？
- 說話人覺得節目裡的女孩子為什麼要上電視？
- 老王的兒子和富二代有什麼不一樣？他很難過自己不是個富二代嗎？

- 女孩子給了老王的兒子什麼難題？
- 說話人覺得女孩子更應該問老王兒子什麼樣的問題？

你的看法
- 你看不看電視"相親"節目？為什麼？在你看来電視相親節目為什麼這麼受歡迎？
- 你認爲找男朋友和找女朋友最重要的是什麼？

听力生词 (聽力生詞) Dialogue Vocabulary

1. 海外 | 海外 | hǎiwài | overseas | 他在海外留学过两年。/他带爸妈一起参加了海外旅游团。 (他在海外留學過兩年。/他帶爸媽一起參加了海外旅遊團) (~团/團 tuán: ~ group)See also 第一课 海内外

2. 不景气 | 不景氣 | bù jǐngqì | recession | 前几年的经济不太景气。/这家饭店的生意不景气。 (前幾年的經濟不太景氣。/這家飯店的生意不景氣。)

3. 创业 | 創業 | chuàngyè | to start a business; entrepreneurship | 一名创业家/创业精神/ (一名創業家/創業精神) (精神:jīngshén: spirit 第一课)

4. 海归 | 海歸 | hǎiguī | returned overseas Chinese | 他有两位海归同事 (colleague)。/他在美国的公司学了很多经验，然后把经验带回中国，当了一名海归。 (他有两位海歸同事。/他在美國的公司學了很多經驗，然後把經驗帶回中國，當了一名海歸。)

5. 欧(洲) | 歐(洲) | Ōu | Europe | 欧洲市场/欧美关系/东欧国家 (歐洲市場/歐美關係/東歐國家) (市场/市場 shìchǎng: market)

6. 移民 | 移民 | yímín | to immigrate, to emigrate; immigrant | 她两年前移民加拿大了。/1620 年，一百多人坐上了五月花号，从英国移民到美国 。/美国是一个移民国家。/美国有很多来自欧洲的移民。 (她两年前移民加拿大了。/1620 年，一百多人坐上了五月花號，從英國移民到美國 。/美國是一個移民國家。/美國有很多來自歐洲的移民。) (來自: from，第一课)

7. 不安 | 不安 | bù'ān | disturbed; unease | 听到那个消息以后，他感到非常不安。/他因为做错了事，心里有点不安。/孩子看不见妈妈，不安地哭了起来。/我也有过这种不安的感觉。 (聽到那個消息以後，他感到非常不安。/他因為做錯了事，心裡有點不安。/孩子看不見媽媽，不安地哭了起來。/我也有過這種不安的感覺。) (消息 xiāoxi: news; information，错/錯 cuò: wrong)

8. 出走 | 出走 | chūzǒu | to go away | 离家出走/他不想当国王了，所以出走，跑到了别的国家。 (離家出走/他不想當國王了，所以出走，跑到了別的國家。)

9. 房价 | 房價 | fángjià | house price | 这里的学校好，所以房价也高。 (這裡的學校好，所以房價也高。)

10. 升高 | 升高 | shēng gāo | to rise | 房价升高/体温升高/气温升高，冰都成了水，所以海平面也升高了。(房價升高/你的體溫不再升高了。/氣溫升高，冰都成了水，所以海平面也升高了。) (体温 tǐwēn: body temperature, 氣溫: qìwēn: weather temperature, 冰 bīng: ice, 平面 píngmiàn: surface)

11. 可悲 | 可悲 | kěbēi | miserable | 可悲的日子/可悲的想法/可悲的生活/你这样想就太可悲了。/你不用为他感到可悲。(可悲的日子/可悲的想法/可悲的生活/你這樣想就太可悲了。/你不用為他感到可悲。)

12. 豪宅 | 豪宅 | háozhái | luxury home | 一座豪宅 (一座豪宅)

13. 难题 | 難題 | nántí | hard problem | 他碰到了难题。/你给我出了一个难题。/怎么解决这个难题？(他碰到了難題。/你給我出了一個難題。/怎麼解決這個難題？) (碰 pèng: to encounter, 解决/解决 jiějué: to solve)

14. 白手起家 | 白手起家 | báishǒu qǐjiā | to start from scratch; self-established | 她白手起家，最后成为五家公司的大老板。/他是白手起家。(她白手起家，最後成為五家公司的大老闆。/他是白手起家。) (老板/老闆 lǎobǎn: boss; owner)

15. 代 | 代 | dài | generation | 新一代/年轻的一代 (新一代/年輕的一代)

16. 名气 | 名氣 | míngqì | fame | 他在上海算是小有名气。/他后来成为一个名气很大的商人。(他在上海算是小有名氣。/他後來成為一個名氣很大的商人。) (商人 shāngrén: businessman)

17. 影视 | 影視 | yǐngshì | movies and television | 影视工作/影视图书馆/影视明星 (影視工作/影視圖書館/影視明星) (明星: star; bright star)

18. 红人 | 紅人 | hóng rén | popular person; a favorite (person) | 那个电影有了名气以后，她也成了一个大红人。/他是老板眼前的红人，同事们不能不听他的。(那個電影有了名氣以後，她也成了一個大紅人。/他是老闆眼前的紅人，同事們不能不聽他的。)

19. 平凡 | 平凡 | píngfán | ordinary | 平凡的老百姓/平凡的生活/有些人就希望过平平凡凡的日子，但有些人不希望平平凡凡地过一生。/(平凡的老百姓/平凡的生活/有些人就希望過平平凡凡的日子，但有些人不希望平平凡凡地過一生。) (老百姓: ordinary people)

20. 人生 | 人生 | rénshēng | life | 人生计划/人生功课/人生的意义/人生的路上有悲也有喜。(人生計劃/人生功課/人生的意義/人生的路上有悲也有喜。) (计划/計劃 jìhuà: plan, 意义 yìyì: meaning, 悲 bēi sadness)

21. 自信 | 自信 | zìxìn | self-confidence | 他是个(有)自信的人。/你应该更(有)自信。/我(有)自信能把这件事做好。(他是個(有)自信的人。/你應該更(有)自信。/我(有)自信能把這件事做好。)

22. 富二代 | 富二代 | fù èr dài | the second generation of a wealthy family

23. 租房 | 租房 | zūfáng | to rent a house | 他没有自己的房子所以得租房住。/中国人一般不喜欢租房喜欢买房。(他沒有自己的房子所以得租房住。/中國人一般不喜歡租房喜歡買房。)

24. 所有 | 所有 | suǒyǒu | all | 他把所有时间都花在工作上。/所有人都喜欢她。(他把所有時間都花在工作上。/所有人都喜歡她。)

课后练习 (課後練習)： Go to workbook for exercises II-1. 听力生词 (聽力生詞) and IV-1 汉字部件:a. 听力生词 (漢字部件: 聽力生詞)

口语用法 (口語用法) Oral Expressions

复习:
- 没钱**哪**还能谈创业呢？(**见 第一单元 口语用法**)

(繁體 Traditional characters)
複習:
- 沒錢哪還能談創業呢？(見 第一單元 口語用法)

1. **话也不能这么说** (话不能这么说 means "You can't say it that way." The use of 也 can soften the tone to avoid confrontation).

A: 移民？好好的中国人不当，怎么会想当个外国人呢？
B: **话也不能这么说, …**
A: Immigrate? How could she want to become a foreign national instead of a good Chinese person?
B: That's not really an appropriate thing to say.

A: 她能过那么好的生活都是因为她先生赚得多。
B: 话也不能这么说。她自己也不是没有赚钱的能力。
A: She lives a very comfortable life because her husband makes a lot of money.
B: It's not fair to say that. She has the ability to make money on her own, too.

(繁體 Traditional characters: 話也不能這麼說/ A: 移民？好好的中國人不當，怎麼會想當個外國人呢？B: 話也不能這麼說, …/ A: 她能過那麼好的生活都是因為她先生賺得多。B: 話也不能這麼說。她自己也不是沒有賺錢的能力。)

2. **自己的国家习惯些** (when 些/一些, or 点儿/一点儿 are added after an adjective, it acts like the suffix " er" in English adjectives, meaning more XX).

他平常起得很早，今天是因为病了，所以起得晚些。
He usually gets up very early. He was sick today, so he got up later.

你说话声音可以大一些吗？我听不太清楚。
Could you speak a bit louder? I can't hear you very clearly.

(繁體 Traditional characters: 自己的家習慣些/ 他平常起得很早，今天是因為病了，所以起得晚些。/ 你說話聲音可以大一些嗎？我聽不太清楚。)

3. 但她**还**想着移民呢！ (还 can mean "in addition"/ "more over" or "still"; here it carries a sense of blame, implying that the action was unexpected or went over the expected limit).

快考试了，你还不好好准备。
The test is coming soon, yet you still haven't made adequate preparation.

她会那么做都是因为你，你还说她。
It's only because of you that she did that, yet you still (go so far as to) lecture her.

(繁體 Traditional characters:但她還想着移民呢！/ 快考試了，你還不好好準備。/她會那麼做都是因為你，你還說她。)

1-3 例句 生词复习/ 生詞複習
赚钱 | 能力 | 声音 | 清楚 | 准备
賺錢 | 能力 | 聲音 | 清楚 | 準備
zhuànqián | nénglì | shēngyīn | qīngchǔ | zhǔnbèi

4. 那她**还是**回来**好了**。 (还是…好了, or 还是… is used to express that you've thought of a more desirable choice or decision. It can be translated as "It would be better for someone to …")

我还是别告诉她好了。怕她知道了难过。
It might be better for me to not tell her. I'm afraid that she'll be sad if she finds out.

你还是先问问爸妈好了。听听他们的想法再说。
It would be better if you ask your parents first. Listen to their thoughts and see.

(繁體 Traditional characters:那她還是回來好了。/ 我還是別告訴她好了。怕她知道了難過。/ 你還是先問問爸媽好了。聽聽他們的想法再說。)

5. A: 没钱哪还能谈创业呢？ B: **这下**我真不知道该说什么了。
"这下"in the discourse means " well, if that's the case" or "given what was spoken."

(下雨了)
这下没办法出去打球了！
(It starts raining).
Now we can't go out to play ball.

A: 我拿到那个工作了！
B: 太好了！这下你该请我吃饭了！
A: I got the job!

B: Great! Now you can treat me to dinner!

(繁體 Traditional characters: A: 沒錢哪還能談創業呢？ B: 這下我真不知道該說什麼了。 / (下雨了) 這下沒辦法出去打球了！ / A: 我拿到那個工作了！ B: 太好了！這下你該請我吃飯了！)

6. 我看不妙 (不妙 is used when a speaker sees a sign of a bad situation coming. It can be translated as "It looks like things are not going well" or "It looks like things will not go well.")

小林，你女朋友又打电话来了！我看事情不妙，你还是快回去吧！
Little Lin, your girlfriend called again. I think things are not going so well. You should go back soon.

A: 小张找工作的事怎么样了？
B: 我看不妙，他现在连一个面谈的机会都还没有。
A: How are things going with Little Zhang's job search?
B: I don't think it's going very well. He hasn't even been able to get an opportunity for an interview.

(繁體 Traditional characters:我看不妙/ 小林，你女朋友又打電話來了！我看事情不妙，你還是快回去吧！ / A: 小張找工作的事怎麼樣了？ B: 我看不妙，他現在連一個面談的機會都還沒有。)

7. 那也不至于 (不至于 means "not to the degree that" or "not to the extent that." 也 in this context softens the tone. In the dialogue, it means that even though Little Zhang's son doesn't want his relatives to introduce him to prospective girlfriends, it doesn't mean that (his situation isn't dire enough that) he needs to go on a TV show to find a girlfriend).

A: 你是不是讨厌他？
B: 也不至于讨厌。就是没有那么喜欢吧！
A: Do you hate him?
B: (I dislike him, but) not to the extent of hating him. I just don't like him that much.

A: 九千块？我有没有看错？
B: 这是意大利手工做的。
A: 那也不至于这么贵吧！
A: $9000? Did I misread it?
B: This was hand-made in Italy.
A: It still shouldn't be *this* expensive.

(繁體 Traditional characters:那也不至於/ A: 你是不是討厭他？ B: 也不至於討厭。就是沒有那麼喜歡吧！/ A: 九千塊？我有沒有看錯？ B: 這是意大利手工做的。A: 那也不至於這麼貴吧！)

7 例句 生词复习/ 生詞複習

讨厌|討厭 | tǎoyàn

8.这话是有点道理 (有道理 is used when you agree with a statement. 这话有道理 can be translated as "this statement makes some sense").

(繁體 Traditional characters:這話是有點道理)

9. 他儿子也**三十好几**了吧！ (when you use 好几 after 二十，三十，四十，五十…etc. when talking about age, you think the age is on the older side for something. In this case, the speaker means, for someone in his 30s, he should have some dating experience and not have to resort to a TV show to find a girlfriend).

你已经二十好几了，还什么都听爸爸妈妈的。不能有点自己的想法吗？
You are more than twenty years old, yet you still always listen to your parents. Can't you have some thoughts of your own?

我都已经八十好几了，再活也活不了几年了！
I'm already over 80 years old and don't have many years left to live.

(繁體 Traditional characters:他兒子也三十好幾了吧！/ 你已經二十好幾了，還什麼都聽爸爸媽媽的。不能有點自己的想法嗎？/ 我都已經八十好幾了，再活也活不了幾年了！)

10.那些女孩**看得上**老王家的孩子吗？ (If you 看上 someone or something, you are interested in that person or that thing because you think highly of them. If someone or something made you 看得上 or 看不上, it means they have or do not have the potential to interest you).

你虽然有钱，但一点文化也没有。人家上过大学，不一定看得上你。
Although you are rich, you don't have much culture. She is a college graduate. She might not think highly of you or have any interest.

这种便宜的手表，你别给我买，买了我也看不上！
Don't buy me this kind of cheap watch. I wouldn't even look at it.

(繁體 Traditional characters:那些女孩看得上老王家的孩子嗎？ / 你雖然有錢，但一點文化也沒有。人家上過大學，不一定看得上你。/ 這種便宜的手錶，你別給我買，買了我也看不上！）

11.电视上那个**是**老王的儿子**不**? (This is an alternative way to say 是不是老王的儿子. This pattern is more common in northern China).

这话是你说的不？
Did you say that?

蛋糕是你吃的不？
Did *you* eat the cake?

(繁體 Traditional characters:電視上那個是老王的兒子不？/ 這話是你說的不？/蛋糕是你吃的不？）

例句 生词复习/ 生詞複習
蛋糕 | dàngāo

12. 租房**怎么着了**？ 北京一半以上的人没有自己的房子！(**怎么着了** is used in a hostile tone to express that you don't think there is anything wrong with the behavior or situation judged negatively earlier in the discourse)。

租房**怎么着了**？ 北京一半以上的人没有自己的房子！
What's wrong with renting an apartment? More than half of the people in Beijing don't own their own homes.

不会英文怎么着了？不说英文他们也可以在美国生活得好好的！
What's wrong with not knowing English? They can still live well in the U.S. without speaking English.

(繁體 Traditional characters:租房怎麼著了？ 北京一半以上的人沒有自己的房子！/ 不會英文怎麼著了？不說英文他們也可以在美國生活得好好的！）

课后练习(課後練習) Go to Workbook for exercises: I-1. 听力与口语用法(聽力與口語用法) and I-2. 口语用法填空(口語用法填空)

口语练习(口語練習) **Oral Practice**

Use the oral expressions you learned for the role-play discussion

话也不能这么说！/　　**Adj.** +些/　还...呢！/　还是...好了.
这下.../　　我看不妙　/那也不至于/ 这话有点道理 or 这话没有道理
　　——好几/ /看得上/看不上/　是...不？/　怎么着了？

1. 小王的女儿毕业以后在美国找到了工作，也决定要移民美国了:
　　A: 你觉得移民美国对她来说是一件好事。
　　B: 你觉得中国人应该回中国，不可以当外国人。

2. A 和 B – 你们是美国人。你们会留在在北京工作五年以上。请讨论应该
买房子还是租房子。

3. A 二十多岁，B 三十多岁。 你们讨论该不该上电视节目找男朋友或女
　朋友。

(**繁體 Traditional characters**)
　　話也不能這麼說！/　　**Adj.** +些/　還...呢！/　還是...好了.
這下.../　　我看不妙　/那也不至於/ 這話有點道理 or 這話沒有道理
　　——好幾/ /看得上/看不上/　是...不？/　怎麼的了？

1. 小王的女兒畢業以後在美國找到了工作，也決定要移民美國了:
A: 你覺得移民美國對她來說是一件好事。
B: 你覺得中國人應該回中國，不可以當外國人。

2. A 和 B – 你們是美國人。你們會留在北京工作五年以上。請討論應該買
房子還是租房子。

3. A 二十多歲，B 三十多歲。 你們討論該不該上電視節目找男朋友或女
朋友。

听力文本 (聽力文本) Dialogue Transcripts

对话一

A. 小张，你女儿毕业以后打算留在法国还是回中国来啊？

B. 她是想留在那儿。不过欧洲这几年经济不景气，不管是在法国、德国、还是在意大利、西班牙，找工作都越来越难啊！

A. 是吗？那她还是回来好了。自己的国家习惯些。一个人在海外生活也不容易啊！

B. 你是让她当个海归吗？

A. 当海归没什么不好啊！你看那么多海归回国创业，自己当老板，做得多好啊！

B. 我也希望她回中国。但她还想着移民呢！

A. 移民？好好的中国人不当，怎么会想当个外国人呢？

B. 话也不能这么说。很多移民海外的中国人，并没有忘记自己的语言和文化。而且回国创业哪有那么简单？家里的钱这几年都花在她读书上了。法国的学费和生活费比中国的高得多。没钱哪还能谈创业呢？

A.这下我真不知道该说什么了。祝她毕业以后快快在欧洲找到工作啰！

对话二

A(男). 听说这个地方的中国人不少

B. 是啊！中国的经济发展起来以后，很多有钱人来这里买房子。有的买了是给来这里上学的孩子住，有的买了就只是为了等房价更贵的时候卖出去赚一笔。

A. 那这个地方的房价一定是越来越高了。

B. 就是啊！这里的房价升高得太快，让本来住在这儿的加拿大人觉得非常不安。他们担心这里住的中国人越来越多以后，就不再能舒舒服服地像以前一样生活了。你看，路上的饭馆，商店，写的都是中文，他们完全看不懂。吃饭、买东西都很不方便。

A. 那这里的本地人会想要离开，搬到别的地方吗？

B.出走的人不少，但有些加拿大人在这里住了一辈子，他们不想搬家，也不想卖房子。

A.想想他们也真够难的。如果搬家，得找新的工作，还得给孩子换新的学校。

B. 是啊！这里的房子，其实算不上是什么豪宅，和海边那些有十几个房间，七八十个窗户的大房子比，本来住在这些房子里的，都只是普普通通的加拿大家庭。他们想留在这里过普普通通的日子。但有钱的中国人来了以后，生活就不一样了。

A. 听起来是有点可悲。

B. 可悲？ 可我觉得我们不需要为这些加拿大人难过。

A. 哦？

B.移民把自己的文化和语言带到新的国家一点错也没有。他们也许不习惯新的生活，但应该试着和中国人交朋友，试着了解中国的语言和文化。因为中国移民已经是他们生活里的一部分。

对话三

A(男). 咦？你快来看看。电视上那个是老王的儿子不？

B. 是啊！他上电视找女朋友啦？老王怎没跟我说。

A. 他儿子也三十好几了吧！怎么找个女朋友还得上电视节目去找？家里没给他介绍对象？

B. 新一代的想法和我们老一代不一样！我们这一代找男朋友女朋友多多少少都得听父母的。他们这一代才不愿意让父母阿姨叔叔伯伯给他们介绍对象。

A. 那也不至于上电视节目找吧！那些女孩一个个都那么漂亮，怎么会找不到男朋友。我看她们上电视是为了赚点名气吧！想着哪天能成为影视红人！

B. 这话是有点道理。来的女孩子越漂亮，看电视节目的人就越多。看节目的人越多，这些女孩要赚点名气就越容易。双方都有好处嘛！

A. 你觉得那些女孩看得上老王家的孩子吗？

B. 我看老王儿子没什么机会。那些女孩都想找个有钱人。要是来个富二代，谈起家里有多少房子，手下有多少公司，大家就都有兴趣。如果来的是一个平凡人，普通家庭的的小伙子，大多女孩看都不愿意看一眼。

A. 老王儿子虽然不是富二代，但你看，他说起话来还蛮自信的。一点也不觉得他自己比富二代差。爸妈没有公司，没给他买好房子，他自己努力，白手起家，有不错的工作，也存了点钱。应该会有女孩对他感兴趣的。

B.有有有，你看，两三个女孩举手，等着问他问题呢！

A. 我看不妙！这些女孩给了他难题，一来就问几年内可以在北京买房子。

B. 租房怎么着了？北京一半以上的人没有自己的房子。大家都得租房，不也过得好好的吗？

A. 就是啊！

B. 那些女孩不问他人生的计划，也不管他追求什么，所有问题都是钱啊，房子什么的。

A. 那就别从节目上的那些女孩子里找了。现在在看这个电视节目的人，一定会有喜欢他的女孩子。或许很快就有女孩子给他打电话要做他女朋友呢。

(繁體 Traditional characters)

對話一

A. 小張，你女兒畢業以後打算留在法國還是回中國來啊？

B. 她是想留在那兒。不過歐洲這幾年經濟不景氣，不管是在法國、德國、還是在意大利、西班牙，找工作都越來越難啊！

A. 是嗎？那她還是回來好了。自己的國家習慣些。一個人在海外生活也不容易啊！

B. 你是讓她當個海歸嗎？

A. 當海歸沒什麼不好啊！你看那麼多海歸回國創業，自己當老闆，做得多好啊！

B. 我也希望她回中國。但她還想著移民呢！

A. 移民？好好的中國人不當，怎麼會想當個外國人呢？

B. 話也不能這麼說。很多移民海外的中國人，並沒有忘記自己的語言和文化。而且回國創業哪有那麼簡單？家裡的錢這幾年都花在她讀書上了。法國的學費和生活費比中國的高得多。沒錢哪還能談創業呢？

A.這下我真不知道該說什麼了。祝她畢業以後快快在歐洲找到工作囉！

對話二

A(男). 聽說這個地方的中國人不少

B. 是啊！中國的經濟發展起來以後，很多有錢人來這裡買房子。有的買了是給來這裡上學的孩子住，有的買了就只是為了等房價更貴的時候賣出去賺一筆。

A. 那這個地方的房價一定是越來越高了。

B. 就是啊！這裡的房價升高得太快，讓本來住在這兒的加拿大人覺得非常不安。他們擔心這裡住的中國人越來越多以後，就不再能舒舒服服地像以前一樣生活了。你看，路上的飯館，商店，寫的都是中文，他們完全看不懂。吃飯、買東西都很不方便。

A. 那這裡的本地人會想要離開，搬到別的地方嗎？

B.出走的人不少，但有些加拿大人在這裡住了一輩子，他們不想搬家，也不想賣房子。

A.想想他們也真夠難的。如果搬家，得找新的工作，還得給孩子換新的學校。

B. 是啊！這裡的房子，其實算不上是什麼豪宅，和海邊那些有十幾個房間，七八十個窗戶的大房子比，本來住在這些房子裡的，都只是普普通通的加拿大家庭。他們想留在這裡過普普通通的日子。但有錢的中國人來了以後，生活就不一樣了。

A. 聽起來是有點可悲。

B. 可悲？ 可我覺得我們不需要為這些加拿大人難過。

91

A. 哦？

B. 移民把自己的文化和語言帶到新的國家一點錯也沒有。他們也許不習慣新的生活，但應該試著和中國人交朋友，試著瞭解中國的語言和文化。因為中國移民已經是他們生活裡的一部分。

對話三

A(男). 咦？你快來看看。電視上那個是老王的兒子不？

B. 是啊！他上電視找女朋友啦？老王怎沒跟我說。

A. 他兒子也三十好幾了吧！怎麼找個女朋友還得上電視節目去找？家裡沒給他介紹對象？

B. 新一<u>代</u>的想法和我們老一代不一樣！我們這一代找男朋友女朋友多多少少都得聽父母的。他們這一代才不願意讓父母阿姨叔叔伯伯給他們介紹對象。

A. 那也不至於上電視節目找吧！那些女孩一個個都那麼漂亮，怎麼會找不到男朋友。我看她們上電視是為了賺點<u>名氣</u>吧！想著哪天能成為<u>影視紅人</u>！

B. 這話是有點道理。來的女孩子越漂亮，看電視節目的人就越多。看節目的人越多，這些女孩要賺點名氣就越容易。雙方都有好處嘛！

A. 你覺得那些女孩看得上老王家的孩子嗎？

B. 我看老王兒子沒什麼機會。那些女孩都想找個有錢人。要是來個<u>富二代</u>，談起家裡有多少房子，手下有多少公司，大家就都有興趣。如果來的是一個<u>平凡</u>人，普通家庭的的小夥子，大多女孩看都不願意看一眼。

A. 老王兒子雖然不是富二代，但你看，他說起話來還蠻<u>自信</u>的。一點也不覺得他自己比富二代差。爸媽沒有公司，沒給他買好房子，他自己努力，<u>白手起家</u>，有不錯的工作，也存了點錢。應該會有女孩對他感興趣的。

B.有有有，你看，兩三個女孩舉手，等著問他問題呢！

A. 我看不<u>妙</u>！這些女孩給了他難題，一來就問幾年內可以在北京買房子。

B. <u>租房</u>怎麼的了？北京一半以上的人沒有自己的房子。大家都得租房，不也過得好好的嗎？

A. 就是啊！

B. 那些女孩不問他<u>人生</u>的計劃，也不管他追求什麼。<u>所有</u>問題都是錢啊，房子什麼的。

A. 那就別從節目上的那些女孩子裡找了。現在在看這個電視節目的人，一定會有喜歡他的女孩子。或許很快就有女孩子給他打電話要做他女朋友呢。

看小剧学动作动词 (看小劇學動作動詞) Skit and Action Verbs

<u>准备出门(準備出門)</u>

Watch the video (available at www.mychinesclass.com/video) to learn the action verbs and then retell the story in your own words.

Notes:
- 出门/ 出門/ chūmén: to go out
- 好了没有？/ hǎole méiyǒu? : Are you ready?
- 待会儿/ 待會兒/ dāi huǐer: in a minute; in a little while
- 发夹/ 髮夾(fǎjiā; fǎjiá): hair clip
- 口罩/ kǒuzhào: mask
- 空气污染/ 空氣污染/ kōngqì wūrǎn: air pollution (见阅读与讨论本 See also in Reading and Discussion)
- 严重/ 嚴重/ yánzhòng: serious; seriously bad
- 不好意思/ bùhǎoyìsi: sorry
- 没事！/ méishì!: no big deal; I'm okay

动作动词用法/動作動詞用法

- **梳** | shū | 拿梳子梳头/你的头发很乱，梳一梳吧！ (拿梳子梳頭/你的頭髮很亂，梳一梳吧！)
- **绑** | 綁 | bǎng | 绑头发/把头发绑起来/ 她今天绑了马尾。/她的手被绑住了。/你的鞋带松了，先绑好再走吧。/她把黄色的蝴蝶结绑在树上。(綁頭髮/把頭髮綁起来/ 她今天綁了馬尾。/她的手被綁住了。/你的鞋帶鬆了，先綁好再走吧。/她把黃色的蝴蝶結綁在樹上。)
- **夹** | 夾 | jiā/jiá | 用筷子夹菜/头发上夹了三只发夹/这个三明治里夹的是草莓果酱/他关门时，不小心夹到了手指。(用筷子夾菜/頭髮上夾了三隻髮夾/這個三明治裡夾的是草莓果醬/他關門時，不小心夾到了手指。)
- **戴** | dài | 戴口罩/戴手表/戴耳环/戴眼镜 (戴口罩/戴手錶/戴耳環/戴眼鏡)
- **收** | shōu | 把口罩收好/把口罩收进包里 (把口罩收好/把口罩收進包裡)
- **踩** | cǎi | 你踩到我的脚啦！/ 我被你踩得真疼！/ 他踩死了一只蚂蚁。(你踩到我的脚啦！/ 我被你踩得真疼！/ 他踩死了一隻螞蟻。)

Notes for sample sentences:
- 梳子/shūzi: a comb, hair brush
- 乱/ 亂/ luàn: messy
- 马尾/ 馬尾/ mǎwěi: ponny tail
- 鞋带/ xié dài: shoelace

- 蝴蝶结/ 蝴蝶結/ húdié jié: Bow tie (蝴蝶: butterfly 结: knot)
- 三明治/sānmíngzhì: sandwich
- 草莓/cǎoméi: strawberry
- 果酱/ 果醬/ guǒjiàng: jam
- 手指/shǒuzhǐ: finger
- 手表/ 手錶/ shǒubiǎo: a watch
- 耳环/ 耳環/ ěrhuán: earring
- 眼镜/眼鏡/ yǎnjìng: glasses
- 疼/téng: hurting; painful
- 蚂蚁/ 螞蟻/mǎyǐ: ant

课后练习(課後練習) Go to Workbook for exercises: III. 动作动词填空 (動作動詞填空)

第五课　中国的社会组织与民间活动
/中國的社會組織與民間活動

听录音回答问题 (聽錄音回答問題) Listening Comprehension

对话一 (對話一) Dialogue 1:

Listen to this conversation between two friends about Henan's AIDS issue (back in the 90's). Try to learn new words from context clues. The vocabulary you learn in this dialogue will help you comprehend the reading text in the later section.

村民 | 艾滋病 | 感染 | 卖血 | 卫生
村民 | 愛滋病 | 感染 | 賣血 | 衛生
cūnmín | Àizībìng | gǎnrǎn | mài xiě | wèishēng

生词复习 (生詞複習)
- 色情行业 | 色情行業 | sèqíng hángyè | prostitutional business | 第二课
- 农村 | 農村 | nóngcūn | countryside; farming village | 第一课
- 捐 | 捐 | juān | to donate | 第一课
- 贫穷 | 貧窮 | pínqióng | poverty; poor | 第一课
- 赚钱 | 賺錢 | zhuànqián | to make money | 第一课
- 领导 | 領導 | lǐngdǎo | to lead; leader; leadership | 第二课
- 富裕 | 富裕 | fùyù | rich | 第二课:富商:富裕的商人
- 差 | 差 | chà | inferior; less than | 差不多

- 发展 | 發展 | fāzhǎn | to develop; development |
- 了解 | 了解 | liǎojiě | to understand; understanding |
- 严重 | 嚴重 | yánzhòng | serious | 第二课 (复习)
- 世界 | 世界 | shìjiè | world |

根据对话一回答问题:

- 对话中谈到的这个农村发生了什么事？怎么发生的？
- 说话人认为，对这件事政府应该做些什么？

你的看法

- 如果你的朋友感染了艾滋病，你会和他一起出去吃饭、看电影吗？为什么？
- 你捐过血吗？你为什么捐血？或者为什么没有捐过血？在你看来，如果医院需要的血不够，跟贫穷的人买血是不是一个好办法？为什么？

(繁體 Traditional characters)
根據對話一回答問題:
- 對話中談到的這個農村發生了什麼事？怎麼發生的？
- 說話人認為，對這件事政府應該做些什麼？
你的看法
- 如果你的朋友感染了愛滋病，你會和他一起出去吃飯、看電影嗎？為什麼？
- 你捐過血嗎？你為什麼捐血？或者為什麼沒有捐過血？在你看來，如果醫院需要的血不夠，跟貧窮的人買血是不是一個好辦法？為什麼？

对话二 (對話二) Dialogue 2:

Dialogue 2: Listen to this conversation between Xiaohua and her friend about her fears of seeing a doctor. Try to learn new words from context clues. The vocabulary you learn in this dialogue will help you comprehend the reading text in the later section.

治病 | 迷信 | 落后 | 避免 | 中医
治病 | 迷信 | 落後 | 避免 | 中醫
zhì bìng | míxìn | luòhòu | bìmiǎn | Zhōngyī

生词复习 (生詞複習)

- 勇敢 | 勇敢 | yǒnggǎn | brave | 第三课
- 其实 | 其實 | qíshí | in fact; actually | 第一课
- 观念 | 觀念 | guānniàn | concept | 第二课
- 愿意 | 願意 | yuànyì | to be willing to | 第二课
- 何况 | 何況 | hékuàng | not to mention | 第三課语法
- 陪 | 陪 | péi | accompany | 第二课
- 厉害 | 厲害 | lìhài | intensely; amazing |
- 相信 | 相信 | xiāngxìn | to believe |
- 害怕 | 害怕 | hàipà | to fear |
- 经验 | 經驗 | jīngyàn | experience |
- 咳嗽 | 咳嗽 | késòu | to cough |

- 到底 | 到底 | dàodǐ | to the bottom (of the matter) | 第三课语法
- 提 | 提 | tí | to bring up, to mention |
- 建议 | 建議 | jiànyì | suggestion |
- 传统 | 傳統 | chuántǒng | traditional | 第二课

根据对话二回答问题:

- 小华生病咳嗽,她奶奶为什么不让她去看医生？她到底为什么不想去医院？
- 小华的朋友小文给他提了什么建议？

你的看法

- 说一说你听过的迷信观念。
- 说一说，你或你认识的人看中医、吃中药的经验以及你对传统中医的看法。

(繁体 Traditional characters)

根據對話二回答問題:

- 小華生病咳嗽,她奶奶為什麼不讓她去看醫生？她到底為什麼不想去醫院？
- 小華的朋友小文給他提了什麼建議？

你的看法

- 說一說你聽過的迷信觀念。
- 說一說，你或你認識的人看中醫、吃中藥的經驗以及你對傳統中醫的看法。

对话三 (對話三) Dialogue 3:

Dialogue 3: Listen to this conversation between Old Li and her Taiwanese friend about presidential elections and environmental issues. Try to learn new words from context clues. The vocabulary you learn in this dialogue will help you comprehend the reading text in the later section.

总统 | 主席 | 选举 | 环境 | 保护
總統 | 主席 | 選舉 | 環境 | 保護
zǒngtǒng | zhǔxí | xuǎnjǔ | huánjìng | bǎohù
民间 | 支持 | 限制 | 允许 |
民間 | 支持 | 限制 | 允許 |
mínjiān | zhīchí | xiànzhì | yǔnxǔ |

生词复习 (生詞複習)

- 权利 | 權利 | quánlì | right | 第二课
- 认为 | 認為 | rènwéi | to think | 第一课
- 政策 | 政策 | zhèngcè | policy | 第二课
- 重视 | 重視 | zhòngshì | to pay attention; to stress | 第三课
- 缺乏 | 缺乏 | quēfá | lack of | 第三课
- 责任 | 責任 | zérèn | responsibility | 第三课
- 鼓励 | 鼓勵 | gǔlì | to encourage; encouragement | 第二课
- 根本 | 根本 | gēnběn | fundamental; fundamentally | 第四课
- 组织 | 組織 | zǔzhī | to organize; organization | 第二课
- 同意 | 同意 | tóngyì | to agree |
- 老百姓 | 老百姓 | lǎobǎixìng | ordinary people |
- 靠 | 靠 | kào | to rely on; by means of |
- 解决 | 解决 | jiějué | to solove, to resolove | 第四课
- 改善 | 改善 | gǎishàn | to improve | 第四课

- 政治 | 政治 | zhèngzhì | political; politics | 第二课
- 政府 | 政府 | zhèngfǔ | government | 第二课
- 官员 | 官員 | guānyuán | officer | 第二课

根据对话三回答问题:

- 对话中谈到哪些和台湾政治有关的事？说话人关心这些事吗？什么问题是他更关心的？这个问题和政府官员有什么关系？
- 对于上面谈到的问题，说话人觉得政府现在做得怎么样？以前呢？

你的看法

- 说一说你所关心的环保问题。生活中，你会做些什么来保护我们的环境？
- 说一说，你所知道的经济政策对环境带来的影响。
- 说一说，你所知道的民间组织或者民间活动对保护环境所做的事情。

(繁體 Traditional characters)
根據對話三回答問題:
- 對話中談到哪些和臺灣政治有關的事？說話人關心這些事嗎？什麼問題是他更關心的？這個問題和政府官員有什麼關係？
- 對於上面談到的問題，說話人覺得政府現在做得怎麼樣？以前呢？
你的看法
- 說一說你所關心的環保問題。生活中，你會做些什麼來保護我們的環境？
- 說一說，你所知道的經濟政策對環境帶來的影響。
- 說一說，你所知道的民間組織或者民間活動對保護環境所做的事情。

听力生词 (聽力生詞) Dialogue Vocabulary

1. 落后 | 落後 | luòhòu | to fall behind; backward; underdeveloped | 落后的生活/~观念/~条件/你现在的成绩比别的同学好，可是还得用功，要不然还可能会落后。 (落後的生活/~觀念/~條件/你現在的成績比別的同學好，可是還得用功，要不然還可能會落後。)(成绩/成績 chéngjī/chéngjī: grade; score, 用功: to study hard)

2. 村民 | 村民 | cūnmín | villager

3. 血 | 血 | xiě | blood 捐血(捐 juān: to donate 第一课)

4. 卫生 | 衛生 | wèishēng | hygienic; sanitary hygiene; sanitation; | 卫生纸/卫生间/吃饭前不洗手不太卫生。/这个地方的人很不讲究卫生。 (衛生紙/衛生間/吃飯前不洗手不太衛生。/這個地方的人很不講究衛生。) (讲究/講究: jiǎngjiū /jiǎngjiù: to be particular about; to stress 第二课)

5. 感染 | 感染 | gǎnrǎn | to infect, infection; to be infected with | 他感染上了艾滋病。/他的笑声感染了所有的人。 (他感染上了愛滋病。/他的笑聲感染了所有的人。) (笑声/笑聲 xiào sheng: laughter, 所有: all, 第四课)

6. 艾滋病 | 愛滋病 | Àizībìng | AIDS

7. 治病 | 治病 | zhìbìng | to treat disease; to cure illness | 大夫把他的病治好了。/这种病没法治。 (大夫把他的病治好了。/這種病沒法治。)

8. 迷信 | 迷信 | míxìn | superstition; blind worship | 迷信观念/这是迷信，你别相信。/他迷信风水。 (迷信觀念/這是迷信，你別相信。/他迷信風水。) (相信 xiāngxìn: to believe)

9. 避免 | 避免 | bìmiǎn | to avoid; to prevent (something from happening) | 避免麻烦/婚礼上应该避免穿黑色的衣服。/你最好避免在五点钟走，五点路上车最多。 (避免麻煩/婚禮上應該避免穿黑色的衣服。/你最好避免在五點鐘走，五點路上車最多)。 (麻煩 máfan: trouble, 婚礼/婚禮 hūnlǐ: wedding)

10. 中医 | 中醫 | Zhōngyī | Chinese medicine (西医=western medicine)

11. 民间 | 民間 | mínjiān | folk (adj.)；nongovernmental | 民间音乐/民间故事/民间组织/民间活动 (民間音樂/民間故事/民間組織/民間活動) (组织/組織 zǔzhī: organization 第二课)

12. 主席 | 主席 | zhǔxí | chairman | 国家主席/足球联盟主席/学生会主席 /当主席 (國家主席/足球聯盟主席/學生會主席/當主席) (联盟/聯盟 liánméng: association 第一课)

13. 限制 | 限制 | xiànzhì | to restrict; restriction | 年龄限制/时间限制/限制说话时间/政府限制私营企业的发展。/妇女的权利受到了限制。 (年龄限制/時間限制/限制說話時間/政府限制私營企業的發展。/婦女的權利受到了限制。) (年龄/年齡 niánlíng: age, 妇女/婦女 fùnǚ: women, 权利/權利 quánlì: rights and benefits 第二课)

14. 通过 | 通過 | tōngguò | to pass; by means of | 他通过了考试。/ 通过讨论，大家同意那么做。/他总是通过看电视学中文。 (他通過了考試。/ 通過討論，大家同意那麼做。/他總是通過看電視學中文。)

15. 允许 | 允許 | yǔnxǔ | to allow; to permit; permission | 得到父母的允许/我不允许你离开/是谁允许你进来的？ (得到父母的允許/我不允許你離開/是谁允許你進來的？) (离开/離開: to leave)

16. 支持 | 支持 | zhīchí | to support; to back | 互相支持/支持的态度/ 美国人的做法得到了英国人的支持，但法国人不想支持美国。 (互相支持/支持的態度/ 美國人的做法得到了英國人的支持，但法國人不想支持美國。)(互相 hùxiāng: multrally; each other, 态度/態度 tàidù: attitude)

17. 环境 | 環境 | huánjìng | environment; surroundings | 学习环境/生活环境/自然环境/社会环境/ (學習環境/生活環境/自然環境/社會環境) (自然 zìrán: nature, see Reading & Discussion)

18. 保护 | 保護 | bǎohù | to protect ; to defend; protection | 保护国家/保护环境/保护家人/他们把孩子保护得很好。/孩子受到了很好的保护。 (保護國家/保護環境/保護家人/他們把孩子保護得很好。/孩子受到了很好的保護。)

19. 总统 | 總統 | zǒngtǒng | president (of a country)

20. 选举 | 選舉 | xuǎnjǔ | to elect; to select by vote; election | 选举总统/选举人 or 选民 (voter) (選舉總統/選舉人 or 選民)

21. 民间 | 民間 | mínjiān | folk (adj.); nongovernmental | 民间音乐/民间故事/民间组织/民间活动 (民間音樂/民間故事/民間組織/民間活動)

课后练习 (課後練習)：Go to workbook for exercises II-1. 听力生词 (聽力生詞) and IV-1 汉字部件:a. 听力生词 (漢字部件: 聽力生詞)

口语用法 (口語用法) Oral Expressions

1. 可不是吗，政府现在很重视这个问题，正在想办法帮助这些村民。
("可不是吗" is like "exactly" or "that is right" in English when you agree strongly with someone).

> A: 现在的年轻人跟我们那时候可真不一样。
> B: **可不是吗，**这些年轻人只知道追求物质享受。
> A: Nowadays the young people are really different from what we were.
> B: Absolutely, all they know is the pursuit of material pleasures.

(繁体 Traditional characters: 可不是嗎，政府現在很重視這個問題，正在想辦法幫助這些村民。/A: 現在的年輕人跟我們那時候可真不一樣。B: 可不是嗎，這些年輕人只知道追求物質享受。)

例句 生词复习/ 生詞複習 : (第一课)
追求 | 物质 |享受
追求 | 物質 |享受
zhuīqiú | wùzhí | xiǎngshòu

2. 什么跟什么嘛！穿红衣服能治病？这也太迷信了吧!
("什么跟什么嘛！" means, "How is that even relevant?" or, "What are you talking about?!" So does "哪跟哪啊！" They are used to show strong disagreement with what one has just heard).

> A: 你别给孩子太大压力，周末让他轻松轻松吧!
> B: **什么跟什么嘛！**我只是买本名著让他读，哪给他什么压力了!
> A: Don't put too much pressure on the child. Let him relax during the weekend!
> B: What are you talking about? I just bought him a classic book to read. What kind of pressure did I put on him?

> A: 我看小王是在追求你，你看他常常来找你。
> B: **哪跟哪啊！**我们只是在一起学习。
> A: I think Little Wang is in love with you. He visits you quite often.
> B: How is that even relevant? We just study together.

(繁体 Traditional characters: 什麼跟什麼嘛！穿紅衣服能治病？這也太迷信了吧!/ A: 你別給孩子太大壓力，周末讓他輕鬆輕鬆吧! B: 什麼跟什麼嘛！我只是買本名著讓他讀，哪給他什麼壓力了！/ A: 我看小王是在追求你，你看他常常來找你。B: 哪跟哪啊！我們只是在一起學習。)

例句 生词复习/ 生詞複習：
名著 míngzhù, 第三课

3. A: 可是．．．
　　B: **别可是了**，赶快去看大夫吧。
(In a discourse, if one says "可是" or "但是" to continue making excuses to explain or defend oneself, before he/she finishes, the other person can use "别可是了" or "别但是了" to interrupt and disagree the first person).

　　A: 你已经看了一天书了，该出去走走，休息一下。
　　B: 可是…
　　A: **别可是了**，去吧！
　　A: You have been reading for a whole day. It is time for you to go outside for a walk.
　　B: But…
　　A: No "buts", just go!

(繁体 Traditional characters: A: 可是．．．B: 别可是了，趕快去看大夫吧。/ A: 你已經看了一天書了，該出去走走，休息一下。B: 可是… A: 别可是了，去吧！)

4. 不用谢，小华，我们俩**还客气什么**。
("xx 还客气什么" is an idiomatic phrase used to indicate that "xx" are very close and don't have to thank each other. If one responds to the other's thanks with "我们俩还客气什么," he is telling his friend that he values the friendship and it is his great pleasure to help."还" is used for emphasis).

　　A: 小文，非常感谢你今天帮忙，要不然，我真不知道该怎么办！
　　B: 哎呀，小文，你跟我**还客气什么**。
　　A: Xiao Wen, thank you so much for the big favor today. Without you, I would be really helpless!
　　B: Oh, Xiao Wen, don't mention it.

　　A: 我这次能得到这个工作都是因为小文，我得好好谢谢他。
　　B: 你们俩**还客气什么**，都十几年的好朋友了。
　　A: This time I got this job is because of Xiao Wen. I really have to thank him.
　　B: You don't have to do that. (Doing that will bring a distance between you two). You and Xiao Wen have been friends for more than ten years.

(繁体 Traditional characters: 不用謝，小華，我們倆還客氣什麼。/ A: 小文，非常感謝你今天幫忙，要不然，我真不知道該怎麼辦！B: 哎呀，小文，你跟我還客氣什麼。/ A:

我這次能得到這個工作都是因為小文，我得好好謝謝他。/ B: 你們倆還客氣什麼， 都十幾年的好朋友了。)

5. **谁当总统都一样，**我根本不关心. (Interrogative sentence + "都一样" is a colloquial pattern which means no difference will be made regardless of the result. Sometimes you can add an adjective phrase after "一样" if you want to be more specific).

A: 你应该好好用功，要不然你拿不到名校的奖学金。
B: **用功不用功都一样，**我知道我一定拿不到什么奖学金。
A: You should study hard; otherwise you won't receive a scholarship to go to a famous college.
B: Working hard won't make a difference. I know for sure that I can't win any scholarship.

这孩子就是笨，你**用什么模式培养他都一样**。
This child is simply stupid. It won't matter what method you use to teach him.

A: 这个茄子 (qiézi) 你想让我怎么做着吃？
B: **怎么做都一样不好吃，**我就不喜欢茄子。
A: How do you want me to cook this eggplant?
B: It won't be tasty no matter how it is cooked. I don't like eggplant.

(繁体 Traditional characters: 誰當總統都一樣，我根本不關心。/ A: 你應該好好用功，要不然你拿不到名校的獎學金。B: 用功不用功都一樣，我知道我一定拿不到什麼獎學金。/ 這孩子就是笨，你用什麼模式培養他都一樣。/ A: 這個茄子 (qiézi) 你想讓我怎麼做着吃？ B: 怎麼做都一樣不好吃，我就不喜歡茄子。)

例句 生词复习/ 生詞複習 ：(第三课)
模式 |培养
模式 |培養
móshì | péiyǎng

6. 民间环境保护活动**离不开**政府的支持.
("离不开" means, "Can't do without" . It is often used to indicate a strong connection between two things).

现代生活**离不开**电脑。
Our modern lifestyle requires a computer.

我今天的成功**离不开**我父母的教育和支持。
My current success is inseparable from the education and support given to me by my parents.

(繁体 Traditional characters: 民間環境保護活動離不開政府的支持。/ 現代生活離不開電腦。/我今天的成功離不開我父母的教育和支持。)

7. **也就是说**，如果政府不支持，不会有很多人参加的。
("也就是说" means "in other words", you can also say "换句话说   huànjùhuàshuō". It is used as a cohesive device in a discourse to continue explanation or to state the point a different way).

政府对经济问题的重视，远远超过了对环保问题的重视。**换句话说**，对政府来说，经济比环保重要。
The government devotes much more attention to the economy than to environmental protection. In other words, economy is more important to the government than environmental protection.

日本有百分之九十的一次性筷子是中国做的。**也就是说**，日本人每天都在吃中国的树。
90% of the disposable chopsticks used in Japan are made in China; in other words, Japanese are eating Chinese trees everyday.

(繁体 Traditional characters: 也就是說，如果政府不支持，不會有很多人參加的。/ 政府對經濟問題的重視，遠遠超過了對環保問題的重視。換句話說，對政府來說，經濟比環保重要。/日本有百分之九十的一次性筷子是中國做的。也就是說，日本人每天都在吃中國的樹。)

课后练习(課後練習) Go to Workbook for exercises: I-1. 听力与口语用法 (聽力與口語用法) and I-2. 口语用法填空(口語用法填空)

106

口语练习 (口語練習) Oral Practice

Use the oral expressions you learned for the role-play discussion

可不是嘛/　什么跟什么嘛！/　别可是了，.../

Question + 都一样，/　　...离不开.../　也就是说，...

1. A— 你是中国的政府官员。你觉得中国农村的艾滋病问题没有想象中的严重，你觉得中国政府可以控制得很好。 B— 你是关心艾滋病问题的美国人。你觉得中国一定得让美国帮忙解决艾滋病的问题。

2. A— 你生病了，得住院。但医院只有四楼有房间，你不想住。 B—你是A 的太太，你觉得他应该住院。但是你不想到医院去看他，因为你害怕看到血。

3. A— 你是政治家，你重视经济问题。 B—你是老百姓，你关心环保问题。

(繁體 Traditional characters)

可不是嘛/　什麼跟什麼嘛！/　别可是了，.../

Question + 都一樣，/　　...離不開.../　也就是說，...

1. A— 你是中國的政府官員。你覺得中國農村的愛滋病問題沒有想象中的嚴重，你覺得中國政府可以控制得很好。 B— 你是關心愛滋病問題的美國人。你覺得中國一定得讓美國幫忙解決愛滋病的問題。

2. A— 你生病了，得住院。但醫院只有四樓有房間，你不想住。 B—你是A 的太太，你覺得他應該住院。但是你不想到醫院去看他，因為你害怕看到血。

3. A— 你是政治家，你重視經濟問題。 B—你是老百姓，你關心環保問題。

听力文本 (聽力文本) Dialogue Transcripts

对话一

A.(男) 我今天看到报纸说，河南一个农村很多村民都得了艾滋病。

B. 艾滋病？真的，听说得了艾滋病会死的。

A. 是啊，现在艾滋病在世界上是一个很严重的问题。

B. 一般在色情行业工作的人容易感染艾滋病，难道这个村也有色情行业？

A. 看来你对艾滋病还不太了解，艾滋病不一定跟色情行业有关系。这里的村民都是因为卖血而感染上了艾滋病。

B. 卖血？卖血干什么？卖给谁呀？

A. 医院里很多病人都需要血，捐的血不够用，医院就得买血。这些村民生活很贫穷，也没有什么别的能力赚钱，只好卖血给医院。

B. 农民生活这么贫穷啊，那卖血怎么感染上艾滋病了呢？

A. 你不知道，农村的卫生条件不好，卫生观念也很差，卖血用的东西都不干净，而且一个人用了，常常另一个再用。所以，如果有一个人得了艾滋病，别的卖血的人也就感染上了。

B. 那，医院里用了这些血的病人，也会感染上艾滋病啊。

A. 可不是吗？政府现在很重视这个问题，正在想办法帮助这些村民。

B. 我认为领导应该帮助村民发展经济，生活富裕了，他们就不会再卖血了。

A. 发展经济显然很重要，但现在政府必须马上帮助村民了解艾滋病，这些村民以为艾滋病一定跟色情行业有关，他们不知道卖血的时候也会感染上艾滋病。

B. 嗯，你说得对。

对话二

(咳嗽声)

A.(男)小华，你咳嗽这么厉害，怎么不去看大夫呢？

B. 不用看大夫，我奶奶说，只要穿着红色的衣服睡觉，病很快就好了。

A. 什么跟什么嘛！穿红衣服能治病，这也太迷信了吧。

B. 可是．．．

A. 别可是了，快去看大夫吧。你奶奶他们老一辈人，年纪大了，有很多迷信观念，你也这样想，就太落后了。

B. 我知道我奶奶有很多老观念，很落后，很迷信，我们一起出去旅游的时候，她不愿意住四楼，说是"四楼"听起来像是"死楼"，要避免住四楼。我不愿意去看大夫其实是因为我害怕。

A. 你害怕什么呀？我看你很勇敢啊。

B. 你不知道，我看见血就害怕。一看见血就不想吃饭，不敢睡觉。

A. 这么严重啊？那你去看中医呀，中医跟西医很不一样，你不会看到血的。

B. 真的？

A. 真的，相信我，你不会看到血的，何况你只是咳嗽，只要吃一些中药就行了。

B. 那你认识不认识有经验的中医？

A. 我家附近的医院有一个很有名的中医，我奶奶常常找他看病，要不要我明天陪你去？

B. 那太好了，谢谢你啊，小文。

A. 不用谢，小华，我们俩还客气什么。

对话三

A. 老李，听说 2016 年，台湾出了一位女总统，你是台湾人，你对台湾的总统选举有什么看法？

B. 谁当总统都一样，我根本不关心，这个问题啊，中国的国家主席可能更关心。

A. 哈哈，那台湾独立你也不关心？

B. 台湾独立的问题，我当然关心啊！但是现在我更关心政府的环境保护政策。

A. 哦？说给我听听，为什么政府的环境保护政策很重要？

B. 你想啊，老王，台湾不比你们大陆，台湾这么小，如果没有树，没有水，缺乏一个干净的环境，大家怎么生活呢？

A. 是啊，环境保护对台湾很重要。但我认为保护环境得靠老百姓。政府能做什么呢？

B. 我不同意你老王的看法。保护环境显然是每一个人的责任，但不管是个人活动还是组织民间活动来保护环境，都需要政府的支持才行。

A. 政府怎么支持呢？

B. 如果老百姓发现哪个工厂对环境不好，他们得通过政府来限制这个工厂的发展。

A. 对，这种问题，只能通过政府解决，民间组织没有权利。

B. 还有啊，我认为，如果老百姓组织环境保护活动，政府可以给他们一些经济上的帮助，这样才能鼓励更多的人来保护环境。

A. 唉，哪个政府都只重视经济发展，不管环境问题，让政府拿出来钱来解决环境问题，难啊。

B. 是啊，但民间环境保护活动离不开政府的支持，也就是说，如果政府不支持，不会有很多人参加的。

A. 那，老李，在你看来，台湾目前的政府支持环境保护吗？

B. 和以前比起来，现在政府的支持多了一些。你知道吗，以前，政府根本不允许民间组织活动保护环境。

A. 是吗？这和大陆以前的情况差不多。以前个人做什么都可以，但你想组织大家一起做，政府是不会允许的。

B. 社会每天都在进步，政府也在进步。希望我们的环境问题也很快可以改善。

(繁體 Traditional characters)

對話一

A. (男) 我今天看到報紙說，河南一個農村很多村民都得了愛滋病。

B. 愛滋病？真的，聽說得了愛滋病會死的。

A. 是啊，現在愛滋病在世界上是一個很嚴重的問題。

B. 一般在色情行業工作的人容易感染愛滋病，難道這個村也有色情行業？

A. 看來你對愛滋病還不太了解，愛滋病不一定跟色情行業有關係。這裡的村民都是因為賣血而感染上了愛滋病。

B. 賣血？賣血幹什麼？賣給誰呀？

A. 醫院裡很多病人都需要血，捐的血不夠用，醫院就得買血。這些村民生活很貧窮，也沒有什麼別的能力賺錢，只好賣血給醫院。

B. 農民生活這麼貧窮啊，那賣血怎麼感染上愛滋病了呢？

A. 你不知道，農村的衛生條件不好，衛生觀念也很差，賣血用的東西都不幹淨，而且一個人用了，常常另一個再用。所以，如果有一個人得了愛滋病，別的賣血的人也就感染上了。

B. 那，醫院裡用了這些血的病人，也會感染上愛滋病啊。

A. 可不是嗎？政府現在很重視這個問題，正在想辦法幫助這些村民。

B. 我認為領導應該幫助村民發展經濟，生活富裕了，他們就不會再賣血了。

A. 發展經濟顯然很重要，但現在政府必須馬上幫助村民了解愛滋病，這些村民以為愛滋病一定跟色情行業有關，他們不知道賣血的時候也會感染上愛滋病。

B. 嗯，你說得對。

對話二

(咳嗽聲)

A. (男) 小華，你咳嗽這麼厲害，怎麼不去看大夫呢？

B. 不用看大夫，我奶奶說，只要穿著紅色的衣服睡覺，病很快就好了。

A. 什麼跟什麼嘛！穿紅衣服能治病，這也太迷信了吧。

B. 可是 . . .

A. 別可是了，快去看大夫吧。你奶奶他們老一輩人，年紀大了，有很多迷信觀念，你也這樣想，就太落後了。

B. 我知道我奶奶有很多老觀念，很落後，很迷信，我們一起出去旅遊的時候，她不願意住四樓，說是"四樓"聽起來像是"死樓"，要避免住四樓。我不願意去看大夫其實是因為我害怕。

A. 你害怕什麼呀？我看你很勇敢啊。

B. 你不知道，我看見血就害怕。一看見血就不想吃飯，不敢睡覺。

A. 這麼嚴重啊？那你去看中醫呀，中醫跟西醫很不一樣，你不會看到血的。

B. 真的？

A. 真的，相信我，你不會看到血的，何況你只是咳嗽，只要吃一些中藥就行了。

B. 那你認識不認識有經驗的中醫？

A. 我家附近的醫院有一個很有名的中醫，我奶奶常常找他看病，要不要我明天陪你去？

B. 那太好了，謝謝你啊，小文。

A. 不用謝，小華，我們倆還客氣什麼。

對話三

A. 老李，聽說 2016 年，台灣出了一位女總統，你是台灣人，你對台灣的總統選舉有什麼看法？

B. 誰當總統都一樣，我根本不關心，這個問題啊，中國的國家主席可能更關心。

A. 哈哈，那台灣獨立你也不關心？

B. 台灣獨立的問題，我當然關心啊！但是現在我更關心政府的環境保護政策。

A. 哦？說給我聽聽，為什麼政府的環境保護政策很重要？

B. 你想啊，老王，台灣不比你們大陸，台灣這麼小，如果沒有樹，沒有水，缺乏一個乾淨的環境，大家怎麼生活呢？

A. 是啊，環境保護對台灣很重要。但我認為保護環境得靠老百姓。政府能做什麼呢？

B. 我不同意你老王的看法。保護環境顯然是每一個人的責任，但不管是個人活動還是組織民間活動來保護環境，都需要政府的支持才行。

A. 政府怎麼支持呢？

B. 如果老百姓發現哪個工廠對環境不好，他們得通過政府來限制這個工廠的發展。

A. 對，這種問題，只能通過政府解決，民間組織沒有權利。

B. 還有啊，我認為，如果老百姓組織環境保護活動，政府可以給他們一些經濟上的幫助，這樣才能鼓勵更多的人來保護環境。

A. 唉，哪個政府都只重視經濟發展，不管環境問題，讓政府拿出來錢來解決環境問題，難啊。

B. 是啊，但民間環境保護活動離不開政府的支持，也就是說，如果政府不支持，不會有很多人參加的。

A. 那，老李，在你看來，台灣目前的政府支持環境保護嗎？

B. 和以前比起來，現在政府的支持多了一些。你知道嗎，以前，政府根本不允許民間組織活動保護環境。

A. 是嗎？這和大陸以前的情況差不多。以前個人做什麼都可以，但你想組織大家一起做，政府是不會允許的。

B. 社會每天都在進步，政府也在進步。希望我們的環境問題也很快可以改善。

看小剧学动作动词 (看小劇學動作動詞) **Skit and Action Verbs**

爷爷，我想你(爺爺，我想你)

Watch the video (available at www.mychinesclass.com/video) to learn the action verbs and then retell the story in your own words.

Notes:
- 胸/ xiōng: chest
- 祷告/ 禱告: dǎogào: to pray
- 基督/ Jīdū: Jesus Christ (见阅读与讨论本 see also in Reading and Discussion)
- 佛教 Fójiào: Buddhism (基督教:Christianity) (见阅读与讨论本 see also in Reading and Discussion)
- 徒/ tú: diciples (基督徒: Christrian 佛教徒:Buddhist)
- 菩萨/菩薩/Púsà: Buddha; Bodhisattva
- 香 xiāng: incense
- 抽屉/ 抽屜/ chōutì: drawer
- 打火机/ 打火機/ dǎhuǒ jī: lighter

动作动词用法/動作動詞用法

- **闭**│闭│bì│请闭上眼睛，休息一下！/闭嘴！别吵了！(請閉上眼睛，休息一下！/閉嘴！別吵了！)
- **烧**│燒│shāo│烧饭/烧香拜佛/烧水/ 李奶奶的饭烧得很好。/水烧好了没有？我等着泡茶呢！/ 秦始皇把他不喜欢的书都叫人烧了。/洋人放火烧了皇帝的大花园。(燒飯/燒香拜佛/燒水/ 李奶奶的飯燒得很好。/水燒好了沒有？我等着泡茶呢！/ 秦始皇把他不喜歡的書都叫人燒了。/洋人放火燒了皇帝的大花園。)
- **拜**│拜│bài│大年初一，孩子们都来拜年啦！/拜过天地以后，他们就成夫妻了。/每年的四月五号，很多华人会拜他们死去的亲人。(大年初一，孩子們都來拜年啦！/拜過天地以後，他們就成夫妻了。/每年的四月五號，很多華人會拜他們死去的親人。)
- **点**│點│diǎn│点火/点烟/点香/点蜡烛/风太大了，火点不着。(點火/點煙/點香/點蠟燭/風太大了，火點不着。)
- **插**│插│chā│拜完以后，她把香插进香炉里。/那个花瓶里插了九朵花。/这是一把不插电的吉他。/你得先把台灯的插头插上，它才会亮。(拜完以後，她把香插進香爐里。/那個花瓶里插了九朵花。/這是一把不插電的吉他。/你得先把檯燈的插頭插上，它才會亮。)

Notes for sample sentences:
- 嘴/ zuǐ: mouth

- 吵/ chǎo: to argue; to fight (L1)
- 秦始皇/ Qín shǐhuáng: The Qin first Emperor
- 洋人/ yángrén: foreigners
- 皇帝/ huángdì: emperor (L3)
- 大年初一/ dà nián chū yī (Chinese New Year's Day)
- 夫妻/ fūqī: Husband and wife
- 烟/ 煙/ yān: cigarett
- 蜡烛/ 蠟燭/ làzhú: candle
- 香炉/香爐/ xiānglú: censer
- 朵/ duǒ: measure word for flower/ cloud/ mushroom
- 吉他/ jítā: guitar
- 台灯/ 檯燈/ táidēng: desk lamp
- 插头/ 插頭/ chātóu: plug
- 亮/ liàng: bright; to be bright

 课后练习(課後練習) Go to Workbook for exercises: III. 动作动词填空 (動作動詞填空)

第六课　民主与现代生活/民主與現代生活

听录音回答问题 (聽錄音回答問題) Listening Comprehension

对话一 (對話一) Dialogue 1:

Listen to this conversation between Amy and her friend on Confucius and Confucianism. Try to learn new words from context clues. The vocabulary you learn in this dialogue will help you comprehend the reading text in the later section.

儒家 | 思想 | 哲学 | 政治家 | 和谐 | 稳定
儒家 | 思想 | 哲學 | 政治家 | 和諧 | 穩定
Rújiā | sīxiǎng | zhéxué | zhèngzhì jiā | héxié | wěndìng

生词复习 (生詞複習)

- 伟大 | 偉大 | wěidà | great | 第一课
- 发展 | 發展 | fāzhǎn | to develop; development | 第四课 复习
- 文化 | 文化 | wénhuà | culture | 第一课
- 影响 | 影響 | yǐngxiǎng | to influence; influences | 第一课
- 越南 | 越南 | Yuènán | Vietnam |
- 亚洲 | 亞洲 | Yàzhōu/Yǎzhōu | Asia |
- 人生 | 人生 | rénshēng | life | 第四课
- 道理 | 道理 | dàolǐ | ways of reasoning | 第四课(有道理)
- 独立 | 獨立 | dúlì | independent | 第三课
- 皇帝 | 皇帝 | huángdì | emperor | 第三课

- 领导 | 領導 | lǐngdǎo | to lead; leadership; leader | 第二课
- 听话 | 聽話 | tīnghuà | obedient; to listen to | 第三课
- 了解 | 了解 | liǎojiě | understanding | 第五课 复习
- 政治 | 政治 | zhèngzhì | political; politics | 第一课，第五课
- 皮 | 皮 | pí | skin |
- 毛 | 毛 | máo | hair |
- 老百姓 | 老百姓 | lǎobǎixìng | ordinary people | 第四课
- 官员 | 官員 | guānyuán | officials | 第二课
- 压迫 | 壓迫 | yāpò | to oppress; to repress; oppression; repression | 第二课

根据对话一回答问题:

- 说一说，孔子(Kǒngzǐ)是谁？中国、日本、韩国、越南的文化和他有什么关系？
- 为什么男说话人觉得孔子是个政治家？皇帝和官员们对孔子的思想有什么看法？
- 男说话人说了什么让女说话人觉得不对？女说话人觉得什么样的想法让人难过？

你的看法

- 说一说你知道的政治家或哲学家以及他们的影响。
- 你怎么看对话里说到的孔子思想？

(繁體 Traditional characters)
根據對話一回答問題:
- 說一說，孔子(Kǒngzǐ)是誰？中國、日本、韓國、越南的文化和他有什麼關係？
- 爲什麼男說話人覺得孔子是個政治家？皇帝和官員們對孔子的思想有什麼看法？
- 男說話人說了什麼讓女說話人覺得不對？女說話人覺得什麼樣的想法讓人難過？
你的看法
- 說一說你知道的政治家或哲學家以及他們的影響。
- 你怎麼看對話裡說到的孔子思想？

对话二 (對話二) Dialogue 2:

Listen to this conversation between a man and his friend who tried to get him go out of the house. Try to learn new words from context clues. The vocabulary you learn in this dialogue will help you comprehend the reading text in the later section.

宅男 | 视频 | 游戏 | 朋友圈 | 马戏团
宅男 | 視頻 | 遊戲 | 朋友圈 | 馬戲團
zháinán | shìpín | yóuxì | péngyǒu quān | mǎxì tuán

生词复习 (生詞複習)

- 放假 | 放假 | fàngjià | to have days off |
- 怪不得 | 怪不得 | guàibùdé | no wonder | 见口语用法
- 大伙儿 | 大夥兒 | dàhuǒ er | everyone | = 大家
- 上网 | 上網 | shàngwǎng | to go on the internet |
- 健康 | 健康 | jiànkāng | health; healthy |
- 陪 | 陪 | péi | to accompany | 第二课
- 点 | 點 | diǎn | to order |
- 外卖 | 外賣 | wàimài | takeout food |
- 逛街 | 逛街 | guàngjiē | to stroll down the street; to go shopping |
- 发 | 發 | fā | to distribute; to send | 第五课
- 转 | 轉 | zhuǎn | to turn; to forward (message, mail) |
- 笑话 | 笑話 | xiàohuà | joke |
- 一大堆 | 一大堆 | yī dà duī | a lot, 堆: pile |
- 点赞 | 點贊讚 | diǎn zàn | to press the "like" button |
- 表演 | 表演 | biǎoyǎn | to perform; performance |

根据对话二回答问题：

- 想一想，宅男是什么意思？
- 男说话人在家的时候，喜欢做些什么？
- 为什么男说话人不愿意陪女说话人出去吃饭、逛街？
- 马戏团里有什么样的表演？为什么男说话人不愿意去城里看马戏团的表演？

你的看法

- 什么会让你不想出门？为什么？
- 你用不用"脸书"这样的网站？为什么？你在网路上的朋友圈和生活里的朋友圈有什么不同？

(繁體 Traditional characters)

根據對話二回答問題：
- 想一想，宅男是什麼意思？
- 男說話人在家的時候，喜歡做些什麼？
- 爲什麼男說話人不願意陪女說話人出去吃飯、逛街？
- 馬戲團裡有什麼樣的表演？爲什麼男說話人不願意去城裡看馬戲團的表演？

你的看法
- 什麼會讓你不想出門？爲什麼？
- 你用不用"臉書"這樣的網站？爲什麼？你在網路上的朋友圈和生活裡的朋友圈有什麼不同？

对话三 (對話三) Dialogue 3:

Listen to this conversation between a woman and a man about elections in the U.S. Try to learn new words from context clues. The vocabulary you learn in this dialogue will help you comprehend the reading text in the later section.

枪支 | 投票 | 参与 | 烦恼 | 预测 | 不得已

槍枝 | 投票 | 參與 | 煩惱 | 預測 | 不得已

qiāngzhī | tóupiào | cānyù | fánnǎo | yùcè | bùdéyǐ

难民 | 种族 | 抗争 | 分享 | 不满 | 现行

難民 | 種族 | 抗爭 | 分享 | 不滿 | 現行

nànmín | zhǒngzú | kàngzhēng | fēnxiǎng | bùmǎn | xiànxíng

生词复习 (生詞複習)

- 选举 | 選舉 | xuǎnjǔ | to elect; election | 第五课
- 政党 | 政黨 | zhèngdǎng | political party | 第一、四、五课
- 吵 | 吵 | chǎo | to argue; to fight (verbally); noisy | 第一课
- 话题 | 話題 | huàtí | topic | 第五课
- 堕胎 | 堕胎 | duòtāi | to have an abortion; abortion | 第二课
- 合法 | 合法 | héfǎ | legitimate; legal | 第五课
- 拥有 | 擁有 | yōngyǒu | to own; to have (Taiwan: yǒngyǒu) | 第四课
- 权利 | 權利 | quánlì | rights and benefits | 第二课
- 自我 | 自我 | zìwǒ | self-centered |
- 平等 | 平等 | píngděng | equality; equal | 第二课
- 个人 | 個人 | gèrén | personal | 第一课
- 宗教 | 宗教 | zōngjiào | religion | 第五课

- 胎儿 | 胎兒 | tāi'ér | fetus (as in 堕胎) | 第三课
- 自由 | 自由 | zìyóu | free; liberal; freedom | 第五课(复习)
- 保护 | 保護 | bǎohù | to protect; protection | 第五课
- 杀 | 殺 | shā | to kill |
- 某 | 某 | mǒu | certain (as in a certain one) | 第一课
- 危险 | 危險 | wēixiǎn | danger; dangerous (Taiwan: wéixiǎn) |
- 家长 | 家長 | jiāzhǎng | parents | 第三课
- 校园 | 校園 | xiàoyuán | school campus |
- 安全 | 安全 | ānquán | safety; safe |
- 结果 | 結果 | jiéguǒ | result; as it turned out | 第三课
- 解决 | 解決 | jiějué | to solve | 第五课
- 复杂 | 複雜 | fùzá | complex; complicated |
- 移民 | 移民 | yímín | to immigrate; immigration | 第四课
- 公平 | 公平 | gōngpíng | fair | 第四课
- 竟然 | 竟然 | jìngrán | unexpectedly | 第二课
- 非法 | 非法 | fēifǎ | illegal | 第五课
- 自私 | 自私 | zìsī | selfish | 第一课
- 政府 | 政府 | zhèngfǔ | government | 第二课
- 能力 | 能力 | nénglì | ability | 第三课
- 照顾 | 照顧 | zhàogù | to take care of |
- 辛苦 | 辛苦 | xīnkǔ | exhausting; effort-taking |
- 资源 | 資源 | zīyuán | resources | 第四课
- 方式 | 方式 | fāngshì | ways, methods | 第三课
- 不管 | 不管 | bùguǎn | regardless of | 第四课
- 满意 | 滿意 | mǎnyì | satisfied, satisfaction |
- 争取 | 爭取 | zhēngqǔ | to fight for | 第二课
- 情况 | 情況 | qíngkuàng | situation; happening | 第五课(复习)
- 赢 | 赢 | yíng | to win | 第三课
- 政策 | 政策 | zhèngcè | policy | 第二课
- 反对 | 反對 | fǎnduì | to oppose | 第二课
- 执政 | 執政 | zhízhèng | to govern; governance | 第四课
- 继续 | 繼續 | jìxù | to continue | 第四课

根据对话三回答问题:

- 这一次的选举，两个政党在哪些话题上吵来吵去？哪些是老话题，哪些是新话题？
- 在老话题方面，为什么女说话人觉得美国人太自我，她怎么看老话题里的"权利"问题？
- 在新话题方面，为什么女说话人觉得很复杂 (fùzá)？为什么男说话人觉得美国人太自私？

- 女说话人觉得美国政府自私吗？为什么？男说话人同意吗？
- 女说话人认为老百姓要怎么做才能解决问题？男说话人同意她的看法吗？为什么？

你的看法

- 你认为，在中国，堕胎和拥有枪支有可能合法化吗？为什么？
- 你认为，美国在种族问题上，最大的难题是什么？
- 你认为美国的移民政策应该更严格吗？为什么？

(繁體 Traditional characters)

根據對話三回答問題

- 這一次的選舉，兩個政黨在哪些話題上吵來吵去？哪些是老話題，哪些是新話題？
- 在老話題方面，爲什麼女說話人覺得美國人太自我，她怎麼看老話題裡的"權利"問題？
- 在新話題方面，爲什麼女說話人覺得很複雜？爲什麼男說話人覺得美國人太自私？
- 女說話人覺得美國政府自私嗎？爲什麼？男說話人同意嗎？
- 女說話人認爲老百姓要怎麼做才能解決問題？男說話人同意她的看法嗎？爲什麼？

你的看法

- 你認爲，在中國，墮胎和擁有槍支有可能合法化嗎？爲什麼？
- 你認爲，美國在種族問題上，最大的難題是什麼？
- 你認爲美國的移民政策應該更嚴格嗎？爲什麼？

听力生词 (聽力生詞) **Dialogue Vocabulary**

1. 儒家 | 儒家 | Rújiā | Confucianism | 儒家思想/儒家文化 (儒家思想/儒家文化)

2. 思想 | 思想 | sīxiǎng | thought; thinking; idea | 政治思想/这篇文章的中心思想在最后的两句话。 (政治思想/這篇文章的中心思想在最後的兩句話。) (篇: piān, 文章 wénzhāng)

3. 哲学 | 哲學 | zhéxué | philosophy | 哲学家/政治哲学/人生哲学/哲学思想 (哲學家/政治哲學/人生哲學/哲學思想)

4. 稳定 | 穩定 | wěndìng | stable; steady | 稳定的社会/他们俩的关系一直很稳定。/女朋友和他分手以后，他的心情一直不太稳定。/这几天的天气不太稳定。(穩定的社會/他們倆的關係一直很穩定。/女朋友和他分手以後，他的心情一直不太穩定。/這幾天的天氣不太穩定。)
(心情 xīnqíng: mood)

5. 和谐 | 和諧 | héxié | harmonious | 和谐的社会/和谐的气氛/和谐的关系 (和諧的社會/和諧的氣氛/和諧的關係)(气氛/氣氛 qìfēn/ qìfèn: atmosphere)

6. 马戏团 | 馬戲團 | mǎxì tuán | circus | 一场马戏团表演(一場馬戲團表演)
(表演 biǎoyǎn: performance)

7. 宅男 | 宅男 | zháinán | otaku (men who are reluctant to step out the house) | 他是个宅男。/他喜欢宅在家里。/他喜欢在家里宅着。(他是個宅男。/他喜歡宅在家裡。/他喜歡在家裡宅着。)

8. 视频 | 視頻 | shìpín | video clip | 一段视频 (一段視頻) (段:duàn)

9. 游戏 | 遊戲 | yóuxì | game | 和小朋友们玩个游戏/打电脑游戏 (和小朋友們玩個遊戲/打電腦遊戲) (电脑/電腦: diànnǎo)

10. 圈 | 圈 | quān | circle; ring | 游泳圈/社交圈/朋友圈/电影圈 (游泳圈/社交圈/朋友圈/電影圈) (社交 shèjiāo: social)

11. 烦恼 | 煩惱 | fánnǎo | be upset; worries | 他为了找不到女朋友而烦恼。/他烦恼毕业以后找不到工作。/你有什么烦恼？能不能告诉我？ (他爲了找不到女朋友而煩惱。/他煩惱畢業以後找不到工作。/你有什麼煩惱？能不能告訴我？)

12. (万)不得已 | (萬)不得已 | wànbùdéyǐ | as the last resort | 她做这样的决定也是(万)不得已。/不到万不得已，她不会那么做。 (她做這樣的決定也是(萬)不得已。/不到萬不得已，她不會那麼做。)

13. 枪支 | 槍支 | qiāngzhī | firearms | 一支枪/一把枪/拥有枪支/买卖枪支 /枪支问题/枪支管制 (一支槍/一把槍/擁有槍支/買賣槍支/槍支問題 /槍支管制) (拥有/擁有: yōngyǒu/ yǒngyǒu, 管制 guǎnzhì: control)

14. 难民 | 難民 | nànmín | refugee | 难民营(難民營) (nànmín yíng: refugee camp)

15. 参与 | 參與 | cānyù | to participate; participation | 感谢您的参与！/同学 们都参与了这次工作。 (感謝您的參與！/同學們都參與了這次的工 作。)

16. 抗争 | 抗爭 | kàngzhēng | to resist and to fight against; fight and resistance | 勇敢地和命运抗争/参与抗争活动/这太不公平了，我们必 须抗争到底！ (勇敢地和命運抗爭/參與抗爭活動/這太不公平了，我 們必須抗爭到底！) (勇敢 yǒnggǎn: brave, 命运/命運 mìngyùn: fate, 公平 gōngpíng: fair)

17. 不满 | 不滿 | bùmǎn | dissatisfied; dissatisfaction | 他嘴上不说，心里却 非常不满。/你这样做，是对我有什么不满吗？ (他嘴上不說，心裡 卻非常不滿。/你這樣做，是對我有什麼不滿？) (嘴: zuǐ)

18. 分享 | 分享 | fēnxiǎng | to share; sharing | 跟你分享个好消息！/好东西 应该和好朋友分享。 (跟你分享個好消息！/好東西應該和好朋友分 享。) (消息 xiāoxi: news, information)

19. 投票 | 投票 | tóupiào | to vote; to cast a ballot | 请投我一票！/投下你的 选票。/你想把票投给谁？ (請投我一票！/投下你的選票/你想把票投 給誰？)

20. 现行 | 現行 | xiànxíng | (currently)in operation | 现行的制度/现行的法 律/现行的标准/现行的教材 (現行的制度/現行的法律/現行的標準/現 行的教材) (制度 zhìdù: system, 法律 fǎlù: law, 标准/標準 biāozhǔn: standard 教材 jiàocái: teaching material)

21. 种族 | 種族 | zhǒngzú | race (n.) | 种族主义/种族歧视 (種族主義/種族 歧视) (主义/主義 zhǔyì: ~ism, 歧视/歧視 qíshì: discrimination)

22. 预测 | 預測 | yùcè | to predict; prediction | 预测明后天的天气/预测出选 举的结果/预测到未来的发展/你相信这样的预测吗？ (預測明後天的 天氣/預測出選舉的結果/預測到未來的發展/你相信這樣的預測嗎？) (选举/選舉 xuǎnjǔ: election, 结果/結果 jiéguǒ: result; outcome 未来/未來 wèilái: future)

课后练习 (課後練習)：Go to workbook for exercises II-1. 听力生词 (聽力 生詞) and IV-1 汉字部件:a. 听力生词 (漢字部件: 聽力生詞)

口语用法 (口語用法) Oral Expressions

复习:

- 宅男怎么了？(**怎么(着)了** is used in a hostile tone to express that you don't think there is anything wrong with the behavior or situation judged negatively earlier in the discourse). 见第四课口语用法。
- 话是没错(话是没错" is used to continue a conversation by showing acknowledgement of a previous statement before suggesting a different point of view. It is usually followed by "但是，不过，可是…". It can be translated as "You are right, however…"). 见第二课口语用法。
- 真是的！("真是的" is a very colloquial phrase used to express one's displeasure or dissatisfaction. The subject or cause for complaint comes before "真是的". There can be an additional clause to add more detail to the complaint). 见第一课口语用法。

1. 女:没想到你不但了解西方哲学，还了解儒家的政治思想。
   男:**不敢当。不敢当!**
(不敢当 is an expression to show humbleness when respond to compliment, praise, honorable adress, etc. It literally means "not dare to carry it"; the expression can also be translated as "I don't deserve it")

您把我说得太好了，真是**不敢当**。
(Thank you for) speaking highly of me, but I really don't deserve it.

A: 太感谢了，没有你我们真不知怎么办才好。
B: **不敢当，不敢当**。
A: I really appreciate (your help). I don't know what we would do without you.
B: No, no, no. I didn't do that much.

A: 王先生可以说是我们学校最受欢迎的老师。
王先生:**不敢当，不敢当**。
A: Mr. Wang can be regarded as the most popular teacher at our school.
Mr. Wang: It's not true. (I don't deserve the compliment).

(繁體 Traditional characters: 女:沒想到你不但了解西方哲學，還了解儒家的政治思想。男:不敢當。不敢當!/ 您把我說得太好了，真是不敢當。/ A: 太感謝了，沒有你我們真不知怎麼辦才好。B: 不敢當，不敢當。/ A: 王先生可以說是我們學校最受歡迎的老師。王先生:不敢當，不敢當。)

2. 就了解一些皮毛**罢了**！ (The expression ….罢了 is used at the end of a declarative sentence to lessen the significance or degree of something, meaning "just", "only", or "merely". It can occur with or without 只是 or 就).

我懂的其实不多，就了解一些皮毛**罢了**！
Actually, I don't understand much. I only have a superficial understanding of it.

他只是说说**罢了**。不会真的那么做的。
He was merely talking; he won't take real action.

别担心，只是感冒**罢了**。很快就会没事的。
Don't worry. It's just a cold. You will be fine very soon.

(繁體 Traditional characters: 我懂的其實不多，就了解一些皮毛罷了！/ 他只是說說罷了。不會真的那麼做的。/ 別擔心，只是感冒罷了。很快就會沒事的。)

3. 这算**哪门子**的和谐？ ("门"and "派" literally mean "gate" and "tributary". They can be used as classifiers for knowledge or schools of thought. For example: "做菜这门学问"means "The knowledge of cooking. "各门各派的经济学理论" means " various schools of economic theories". When you use "哪门子" or "哪门哪派" to cast doubt on a saying, title, or definition, you think it is "groundless" or "comes from nowhere". It can be translated as "what kind of …is it?")

不让老百姓投票，算**哪门子**的民主？
Common people are not allowed to vote. What kind of "democracy" is this?

你什么忙都不帮，算**哪门子**的朋友？
You are always too busy to help. What kind of "friend" are you?

他是**哪门子**的作家？连几个句子都写不好。
What kind of "writer" is he? He can't even write a few sentences.

(繁體 Traditional characters: 這算哪門子的和諧？/"做菜這門學問" "各門各派的經濟學理論"/ 不讓老百姓投票，算哪門子的民主？/ 你什麼忙都不幫，算哪門子的朋友？/ 他是哪門子的作家？連幾個句子都寫不好。)

4. **怪不得**大家叫你宅男 (When"怪不得" means "no wonder", it is equivalent to "难怪"; when there is an object after "怪不得", it means "can't blame").

A: 这道菜是从餐厅买的，不是我自己做的。
B: **怪不得** (/难怪) 这么好吃！

123

This food was purchased from a restaurant, not made by me.
No wonder it's so delicious.

他给你打了那么多次电话你都不回，**怪不得 (/难怪)**人家现在不理你了。
He called you so many times, and you never answered. No wonder he doesn't want to talk to you now. (You can't blame him for not wanting to talk to you now).

这工作是你自己要做的，现在弄得这么累，只能怪你自己，**怪不得**别人。
You are the one who wanted this job. Now it's making you exhausted. There is no one but yourself to blame.

(繁體 Traditional characters: 怪不得大家叫你宅男/ A: 這道菜是從餐廳買的，不是我自己做的。B: 怪不得 (/難怪) 這麼好吃！/ 他給你打了那麼多次電話你都不回，怪不得 (/難怪)人家現在不理你了。/ 這工作是你自己要做的，現在弄得這麼累，只能怪你自己，怪不得別人。)

5. 大家**管**你**叫**宅男！(管 A 叫 B is a colloquial phrase meaning to take A and call it B) .

台湾**管**西红柿**叫**番茄。
In Taiwan, Tomato is not called "xī hóng shì" but "fān qié".

他就是喜欢看书。人家**管**他**叫**书呆子(shūdāizi)，他也不生气。
He just likes to read. People call him a "nerdy bookworm", but he isn't offended.

(繁體 Traditional characters: 大家管你叫宅男！/ 台灣管西紅柿叫番茄/ 他就是喜歡看書。人家管他叫書呆子，他也不生氣。)

6. V 什么 O (呢/嘛/啊)！(**逛什么街**呢)(When you use this pattern, you express your disagreement and indicate that there is no need to take the actions or do the things brought up earlier in the context).

我没说你，你**生什么气**呢！
I wasn't talking about you. You don't need to be upset.

孩子还那么小，你给她**买什么手机**呢？
The child is still so young. There is no need to buy a cell-phone for her.

(繁體 Traditional characters: 逛什麼街呢!/ 我沒說你，你生什麼氣呢！/ 孩子還那麼小，你給她買什麼手機呢？)

7. **再这么 Verb 下去** (再这么宅下去，我看你连朋友都没有了！) (When you use this pattern, you express concern about not changing a certain situation or condition. "Verb + 下去" means to continue the action). (See also 第二课 口语用法 "这样下去")

> 别吵了！**再这么吵下去**，会影响孩子的！
> Stop fighting. If you continue fighting like this, you will bring bad influence to the children.

> 我借给你一次两次可以，但**再这么借下去**，我老婆就不同意了！
> It's ok for me to lend you (money) once or twice, but if you keep borrowing, my wife will definitely not agree.

(繁體 Traditional characters: 再這麼宅下去，我看你連朋友都沒有了！/ "這樣下去"
别吵了！再這麼吵下去，會影響孩子的！/ 我借給你一次兩次可以，但再這麼借下去，我老婆就不同意了！)

8. **没什么好 Verb 的** (没什么好看的) ("没什么好+VP" means, "What's the big deal," or, "There is nothing worthy to..." In a rhetorical manner, the expression "**有什么好 Verb 的?**" also carries the same meaning).

> 去吧! **没什么好怕的**。
> Just go, there is nothing to be afraid of.

> 那些打打杀杀的电影，**有什么好拍的**？要拍我就要拍个爱情故事。
> I'm not interested in shooting a movie with fighting and killing scenes. If I wanted to shoot, I would shoot a love story.

(繁體 Traditional characters: 去吧! 沒什麼好怕的。/ 那些打打殺殺的電影，有什麼好拍的？要拍我就要拍個愛情故事。)

杀/殺:shā

9. **说白了** (白 can mean "plain", such as in "白开水"(plain boiled water) or "白话" (vernacular; plain language). It can also mean "clear," such as in "真相大白" (The whole truth is out). When you use 说白了, you want to be honest and speak plainly, to make things clear and easy to understand.

> **跟你说白了吧**！他爱的是小白不是你！
> Let me be honest with you. He loves Little Bai, not you.

> "还没有准备好"是什么意思？**说白了就是**不愿意和你结婚。
> What does it mean by saying "not yet prepared"? Obviously, he is not willing to marry you.

(繁體 Traditional characters: 跟你說白了吧！他愛的是小白不是你！/ "還沒有準備好"是什麼意思? 說白了就是不願意和你結婚。)

 课后练习(課後練習) Go to Workbook for exercises: I-1. 听力与口语用法 (聽力與口語用法) and I-2. 口语用法填空(口語用法填空)

口语练习 (口語練習) Oral Practice

Use the oral expressions you learned for the role-play discussion

不敢当/ ...罢了/ 哪门子/ 怪不得(/难怪)/管 A 叫 B/ V 什么 O(呢)！再这么
Verb 下去/没什么好 Verb 的/ 说白了/怎么(个)Adj. 法？

1. A- 你觉得 B 很懂儒家文化，你希望他可以给你说说儒家的政治思想。
   B- 你觉得自己只对哲学有兴趣，对政治了解得不多。

2. A- 你觉得儒家思想可以让社会更稳定，让人和人之间的关系更和谐，
   并告诉 B 你为什么这么想。B- 你觉得 A 说的没有道理。

3. A- 你喜欢在家里待着，不爱出门。你跟 B 解释一下为什么待在家里好。
   B- 你希望 A 陪你出去。你跟 A 解释一下为什么出去好。

4. A- 你认为如果每个人有买卖枪支的自由，这个社会会很危险。B- 你认
   为你需要有枪支来保护自己。

5. A- 你认为新移民对国家有很大的贡献(gòngxiàn: contribution)。 B- 你认
   为美国不需要更多的新移民。

(繁體 Traditional characters)

不敢當/ ...罷了/ 哪門子/ 怪不得(/難怪)/管 A 叫 B/ V 什麽 O(呢)！再這麽
Verb 下去/沒什麽好 Verb 的/ 說白了/怎麽(個)Adj. 法？

1. A- 你覺得 B 很懂儒家文化，你希望他可以給你說說儒家的政治思想。
   B- 你覺得自己只對哲學有興趣，對政治瞭解得不多。

2. A- 你覺得儒家思想可以讓社會更穩定，讓人和人之間的關係更和諧，
   並告訴 B 你爲什麽這麽想。B- 你覺得 A 說的沒有道理。

3. A- 你喜歡在家裡待著，不愛出門。你跟 B 解釋一下爲什麼待在家裡好。
   B- 你希望 A 陪你出去。你跟 A 解釋一下爲什麼出去好。

4. A- 你認爲如果每個人有買賣槍支的自由，這個社會會很危險。B- 你認
   爲你需要有槍支來保護自己。

5. A- 你認爲新移民對國家有很大的貢獻(gòngxiàn: contribution)。 B- 你認
   爲美國不需要更多的新移民。

听力文本 (聽力文本) Dialogue Transcripts

对话一

A (男). 爱米，听说你对孔子的<u>思想</u>很有兴趣。

B. 是啊！很多人说， Confucius 是中国最伟大的<u>哲学家</u>。从他的思想所发展出来的<u>儒家</u>文化不但对中国有很大的影响，而且对日本、韩国、越南等亚洲国家也有很大的影响。

A. 哦？你觉得他是位哲学家啊？我倒觉得他更像是个<u>政治家</u>。

B. 这话怎么说呢？

A. <u>哲学</u>谈的是人生的道理，也总喜欢问为什么。西方的伟大<u>哲学家</u>苏格拉底总是教人想事情的时候，得独立，不受别人影响，但 Confucius 喜欢教人做好自己，听皇帝听领导的话，听父亲的话，听丈夫的话，做好自己该做的事就行了。

B. 哈！没想到你不但了解西方哲学，还了解<u>儒家</u>的政治思想。

A. 不敢当。不敢当，就了解一些皮毛罢了。

B. 那你之所以认为孔子是政治家，是因为在你看来孔子的思想，对管理一个国家有帮助啰？

A. 那还用说！儒家思想教老百姓们听话，这让皇帝和官员们再高兴不过了！有些人觉得儒家思想不但让人和人之间的关系更和谐，也让中国的社会稳定地发展。

B. 和谐什么啊！让受压迫的人不觉得自己受压迫，这算是哪门子的和谐？真是让人难过！

A. 算了算了！咱还是只谈哲学，别谈政治了吧！

对话二

A (女). 放那么多天假，你也不出去走走。一天到晚都待在家里，太没意思了吧？

B. 在家多好啊！我就是喜欢在家<u>宅</u>着！

A. 唉！怪不得大伙儿管你叫<u>宅男</u>！

B. 宅男怎么了？我每天在家上网看看<u>视频</u>，打打<u>游戏</u>，快乐得很。

A. 整天宅在家里看视频太不健康了。走走走，陪我出去吃个饭吧！

B. 吃饭？手机点个外卖就行了。

A. 那咱俩去逛逛街行不？

B. 逛街？你想买什么网上都买得到。逛什么街呢！

A. 你这人也真是的！再这么宅下去，我看你连朋友都没了！

B. 朋友？多的是呢！你看我的<u>朋友圈</u>，四百二十六个人，我发个照片、转个笑话什么的，每天一大堆朋友给我点赞呢！

A. 哦！你爱在朋友圈里发照片啊！那行！这周末城里有<u>马戏团</u>的表演，陪我去看个马戏，多拍几张照片发到你朋友圈吧！一定会有一群人给你点赞！

B. 马戏啊！不去，前几天一个朋友已经在朋友圈发过了。 大象跳舞、小狗表演，没什么好看的。

A. 唉！我真是拿你没办法。让你出门怎么就这么难啊！

对话三

A(女). 又要选举了。这次选举两个政党吵些什么啊？

B. 都是些老话题。<u>堕胎</u>该不该合法化， 老百姓该不该拥有买卖<u>枪支</u>的权利什么的。

A. 美国人也太自我了，嘴里说的是平等，心里想的都是个人的权利。堕胎问题其实不一定和宗教有关系，说白了就是一方觉得大人的权利重要，另一方觉得肚子里胎儿的权利重要。枪支问题是历史问题，但说白了也是你怎么看个人的权利和自由。枪是用来保护自己，也是用来杀人的。要是人们有买卖枪支的自由，大家就一定会烦恼，会担心某一天某一个人手里的枪会带来问题，带来危险。这也让许多做家长的担心校园的安全。

B. 就是啊！吵来吵去，从来也没有吵出什么结果来。

A. 老话题没有吵出解决的办法，新话题可就更复杂了。

B. 怎么个复杂法？

A. 移民问题、种族问题，怎么能不复杂？

B. 种族问题是不容易解决。不管黑人、白人还是其它种族，都有人觉得社会对他们不公平。移民问题也有点复杂，美国自己一开始就是个移民国家，现在竟然不欢迎新移民了。

A. 这也要看是什么样的新移民，有钱有能力的还是可以的。可是如果是难民和那些非法进入美国的，那当然是不想要了！

B. 这也太自私了吧！

A. 我看美国政府也是不得已！他们没有能力照顾那么多难民和非法移民。你想想，德国、以色列，不是也开始不欢迎难民了吗？很多美国老百姓辛辛苦苦地工作，他们不愿意让难民和那些非法移民都来分享美国人的社会资源。

B. 是啊！如果政府连自己的老百姓都照顾不好，还要去照顾非法移民和其他国家来的难民，老百姓当然不满，也一定会抗争到底。

A. 让选票说话，就是老百姓最好的抗争方式。不管你对生活多么不满意，走上街头其实争取不到什么。只有大家把选票都投给最有能力也最愿意为大家努力的人，才能解决问题。

B. 话是没错。但你知道，大多数的选举，只要从经济情况就能预测哪一方会赢。如果经济还不错，不管现行的政策有多少人反对，执政党还是会有很大的机会继续做下去。

(繁體 Traditional characters)

對話一

A (男). 愛米，聽說你對孔子的思想很有興趣。

B. 是啊！很多人說，Confucius 是中國最偉大的哲學家。從他的思想所發展出來的儒家文化不但對中國有很大的影響，而且對日本、韓國、越南等亞洲國家也有很大的影響。

A. 哦？你覺得他是位哲學家啊？我倒覺得他更像是個政治家。

B. 這話怎麼說呢？

A. 哲學談的是人生的道理，也總喜歡問為什麼。西方的偉大哲學家蘇格拉底總是教人想事情的時候，得獨立，不受別人影響，但 Confucius 喜歡教人做好自己，聽皇帝聽領導的話，聽父親的話，聽丈夫的話，做好自己的該做事就行了。

B. 哈！沒想到你不但了解西方哲學，還了解儒家的政治思想。

A. 不敢當。不敢當，就了解一些皮毛罷了。

B. 那你之所以認為孔子是政治家，是因為你認為他的思想，領導一個國家有幫助囉？

A. 那還用說！儒家思想教老百姓們聽話，這讓皇帝和官員們再高興不過了！有些人覺得儒家思想不但讓人和人之間的關係更和諧，也讓中國的社會穩定地發展。

B. 和諧什麼啊！讓受壓迫的人不覺得自己受壓迫算是哪門子的和諧？這真是讓人難過！

A. 算了算了！咱還是只談哲學，別談政治了吧！

對話二

A (女). 放那麼多天假，你也不出去走走。一天到晚都待在家裡，太沒意思了吧？

B. 在家多好啊！我就是喜歡在家宅着！

A. 唉！怪不得大夥兒管你叫宅男！

B. 宅男怎麼了？我每天在家上網看看視頻，打打遊戲，快樂得很

A. 整天宅在家裡看視頻太不健康了。走走走，陪我出去吃個飯吧！

B. 吃飯？手機點個外賣就行了。

A. 那咱倆去逛逛街行不？

B. 逛街？你想買什麼網上都買得到。逛什麼街呢！

A. 你這人也真是的！再這麼宅下去，我看你連朋友都沒了！

B. 朋友？多的是呢！你看我的朋友圈，四百二十六個人，我發個照片、轉個笑話什麼的，每天一大堆朋友給我點讚呢！

130

A. 哦！你愛在朋友圈裡發照片啊！那行！這週末城裡有馬戲團的表演，陪我去看個馬戲，多拍幾張照片發到你朋友圈吧！一定會有一群人給你點讚！

B. 馬戲啊！不去，前幾天一個朋友已經在朋友圈發過了。 大象跳舞、小狗表演，沒什麼好看的。

A. 唉！我真是拿你沒辦法。讓你出門怎麼就這麼難啊！

對話三

A(女). 又要選舉了。這次選舉兩個政黨吵些什麼啊？

B. 都是些老話題。墮胎該不該合法化， 老百姓該不該擁有買賣槍支枝的權利什麼的。

A. 美國人也太自我了，嘴裡說的是平等，心裡想的都是個人的權利。墮胎問題其實不一定和宗教有關係，說白了就是一方覺得大人的權利重要，另一方覺得肚子里胎兒的權利重要。槍支問題是歷史問題，但說白了也是你怎麼看個人的權利和自由。槍是用來保護自己，也是用來殺人的。要是人們有買賣槍支枝的自由，大家就一定會煩惱，會擔心某一天某一個人手裡的槍會帶來問題，帶來危險。這也讓許多做家長的擔心校園的安全。

B. 就是啊！吵來吵去，從來也沒有吵出什麼結果來。

A. 老話題沒有吵出解決的辦法，新話題可就更複雜了。

B. 怎麼個複雜法？

A. 移民問題、種族問題，怎麼能不複雜？

B. 種族問題是不容易解決。不管黑人、白人還是其它種族，都有人覺得社會對他們不公平。移民問題也有點複雜，美國自己一開始就是個移民國家，現在竟然不歡迎新移民了。

A. 這也要看是什麼樣的新移民，有錢有能力的還是可以的。可是如果是難民和那些非法進入美國的，那當然是不想要了！

B. 這也太自私了吧！

A. 我看美國政府也是不得已！他們沒有能力照顧那麼多難民和非法移民。你想想，德國、以色列，不是也開始不歡迎難民了嗎？很多美國老百姓辛辛苦苦地工作，他們不願意讓難民和那些非法移民都來分享美國人的社會資源。

B. 是啊！如果政府連自己的老百姓都照顧不好，還要去照顧非法移民和其他國家來的難民，老百姓當然不滿，也一定會抗爭到底。

A. 讓選票說話，就是老百姓最好的抗爭方式。不管你對生活多麼不滿意，走上街頭其實爭取不到什麼。只有大家把選票都投給最有能力也最願意為大家努力的人，才能解決問題。

B. 話是沒錯。但你知道，大多數的選舉，只要從經濟情況就能預測哪一方會贏。如果經濟還不錯，不管現行的政策有多少人反對，執政黨還是會有很大的機會繼續做下去。

看小剧学动作动词 (看小劇學動作動詞) **Skit and Action Verbs**

教你玩扯铃

Watch the video (available at www.mychinesclass.com/video) to learn the action verbs and then retell the story in your own words.

Notes:
- 太阳/ 太陽/ tàiyáng: sun
- 马戏团/ 馬戲團/ mǎxì tuán: circus (见阅读与讨论本 See also in Reading and Discussion)
- 表演/ biǎoyǎn: performance
- 酷/ kù/ cool
- 扯铃/ 扯鈴 chě líng: Chinese Yoyo
- 棍子/ gùnzi: stick
- 线/ 線/ xiàn: string; thread; line (See also L4)

动作动词用法/動作動詞用法

- **扶** | fú | 我帮你扶着椅子，你站上去拿东西。/他扶老奶奶过马路。/他扶着墙，慢慢地站了起来。(我幫你扶著椅子，你站上去拿東西。 /他扶老奶奶過馬路。/他扶著牆，慢慢地站了起來。)
- **握** | wò | 握了手以后，他们坐下来开会。/ 她的手里握了一根棍子/小妹妹紧紧握着妈妈的手。(握了手以後，他們坐下來開會。 / 她的手裡握了一根棍子/小妹妹緊緊握著媽媽的手。)
- **掉** | diào | 生病以后，她掉了很多头发。/那只小鸟儿还飞得不好，从树上掉了下来。/ 他不小心掉进了水里。(生病以後，她掉了很多頭髮。 /那隻小鳥兒還飛得不好從樹上掉了下來。 / 他不小心掉進了水里。)
- **拍** | pāi | 他表演完以后，大家都站起来拍手。/ 你身上都是土，我帮你拍一拍。(他表演完以後，大家都站起來拍手。 / 你身上都是土，我幫你拍一拍。)

Notes for sample sentences:
- 过马路/ 過馬路/ guò mǎlù: to cross the road
- 墙/ 牆/ qiáng: wall
- 房间/ 房間/ fángjiān: room
- 不小心/ bù xiǎoxīn: accidentally
- 土/ tǔ: dirt; soil

课后练习(課後練習) Go to Workbook for exercises: III. 动作动词填空 (動作動詞填空)

第七课 中老年人的生活

听录音回答问题 (聽錄音回答問題) Listening Comprehension

对话一 (對話一) Dialogue 1:

Listen to this conversation between Little Zhang and her friend about a family member's retirement. Try to learn new words from context clues. The vocabulary you learn in this dialogue will help you comprehend the reading text in the later section.

岳母 | 下岗 | 妻子 | 退休 | 单位 | 织 | 闷
岳母 | 下崗 | 妻子 | 退休 | 單位 | 織 | 悶
yuèmǔ | xiàgǎng | qīzi | tuìxiū | dānwèi | zhī | mèn

生词复习 (生詞複習)

- 算 | 算 | suàn | to count; to be counted as |
- 同事 | 同事 | tóngshì | colleague |
- 改革 | 改革 | gǎigé | reform | 第二课 改革开放
- 受影响 | 受影響 | shòu yǐngxiǎng | to be affected | 第五课 影响力
- 留 | 留 | liú | to stay | 第四课 听力一
- 突然 | 突然 | tūrán/ túrán | suddenly | 第一课
- 丢 | 丢 | diū | to lose (something) |
- 企业 | 企業 | qǐyè | enterprise | 第二课
- 竞争 | 競爭 | jìngzhēng | competition | 第三、四课

- 激烈 | 激烈 | jīliè | fierce | 第三、四课
- 顺利 | 順利 | shùnlì | smoothly | 第五课
- 赚钱 | 賺錢 | zhuànqián | to make money | 第一、四课
- 孙女 | 孫女 | sūnnǚ | granddaughter |
- 礼物 | 禮物 | lǐwù | gift |
- 无聊 | 無聊 | wúliáo | bored |
- 老头 | 老頭 | lǎotóu | old man |
- 热闹 | 熱鬧 | rènào | lively |
- 太极拳 | 太極拳 | Tàijí quán | Tai Chi |

- 某 | 某 | mǒu | a certain (one/few) | 第一课

根据对话一回答问题

- 对话中提到谁不工作了？是不是因为做得不好，公司不要她了？她那几个年轻同事的情况跟她一样吗？
- 老太太要卖毛衣吗？为什么她不喜欢在家里织毛衣，要到公园里去织呢？

你的看法

- 说一说，在一个国家或一个企业，什么样的改革会让某些人没有了工作？政府应该做些什么来帮助这些人？
- 有的人希望越早退休越好，有的人希望到老了还可以一直工作。你是哪一种？为什么？
- 说一说，在你的国家，人们退休以后喜欢做些什么？

(繁體 Traditional characters)
根據對話一回答問題
- 對話中提到誰不工作了？是不是因爲做得不好，公司不要她了？她那幾個年輕同事的情況跟她一樣嗎？
- 老太太要賣毛衣嗎？爲什麼她不喜歡在家裡織毛衣，要到公園裡去織呢？

你的看法
- 說一說，在一個國家或一個企業，什麼樣的改革會讓某些人沒有了工作？政府應該做些什麼來幫助這些人？

- 有的人希望越早退休越好，有的人希望到老了還可以一直工作。你是哪一種？爲什麼？
- 說一說，在你的國家，人們退休以後喜歡做些什麼？

对话二 (對話二) Dialogue 2:

Listen to this conversation between two police officers when they tried to catch an escaped criminal in the park. Try to learn new words from context clues. The vocabulary you learn in this dialogue will help you comprehend the reading text in the later section.

逃犯 | 秃顶 | 个子 | 果然 | 抓 | 躲

逃犯 | 禿頂 | 個子 | 果然 | 抓 | 躲

táofàn | tūdǐng | gèzi | guǒrán | zhuā | duǒ

生词复习 (生詞複習)

- 瘦 | 瘦 | shòu | thin; slim |
- 厉害 | 厲害 | lìhài | shrewd; demonstrating an impressive ability |
- 杀人 | 殺人 | shārén | kill people |
- 竟然 | 竟然 | jìngrán | surprisingly | 第二课
- 敢 | 敢 | gǎn | dare |
- 担心 | 擔心 | dānxīn | worry | 第六课(复习)
- 警察 | 警察 | jǐngchá | Policemen |
- 犯罪 | 犯罪 | fànzuì | to committee crime | 第二课
- 轻松 | 輕鬆 | qīngsōng | relaxed | 第三课
- 处罚 | 處罰 | chǔfá | to punish | 第二课
- 突然 | 突然 | tūrán/túrán | suddenly | 第一课
- 按照 | 按照 | ànzhào | according to | 第三课

- 特点 | 特點 | tèdiǎn | special characteristics
- 想象 | 想像 | xiǎngxiàng | to imagine; imagination 第三课
- 样子 | 樣子 | yàngzi | appearance

根据对话二回答问题:

- 两个说话人是做什么的？他们在公园里做什么？
- 他们要找的人有什么特点？他们打算怎么抓他？

你的看法

- 在你看过的电影,或你的想象里，逃犯通常长什么样子？他们为什么变成逃犯？
- 你看过的电影里，警察用过什么聪明的方法抓到逃犯？或者用了什么笨方法，让逃犯跑走了？

(繁體 Traditional characters)
根據對話二回答問題:

- 兩個說話人是做什麼的？他們在公園裡做什麼？
- 他們要找的人有什麼特點？他們打算怎麼抓他？

你的看法

- 在你看過的電影或你的想像裡，逃犯通常長什麼樣子？他們為什麼變成逃犯？
- 你看過的電影裡，警察用過什麼聰明的方法抓到逃犯？或者用了什麼笨方法，讓逃犯跑走了？

对话三 (對話三) Dialogue 3:

Dialogue 3: Listen to this conversation between a younger sister and her brother about her harassing officemate. Try to learn new words from context clues. The vocabulary you learn in this dialogue will help you comprehend the reading text in the later section.

皱眉头 | 发呆 | 心事 | 叹气 | 不三不四 | 时髦 | 迫不及待
皺眉頭 | 發呆 | 心事 | 嘆氣 | 不三不四 | 時髦 | 迫不及待
zhòu méitóu | fādāi | xīnshì | tànqì | bùsān bùsì | shímáo | pòbùjídài

色鬼 | 马虎 | 胡思乱想 | 警告 | 教训 | 估计
色鬼 | 馬虎 | 胡思亂想 | 警告 | 教訓 | 估計
sè guǐ | mǎhu | húsī luànxiǎng | jǐnggào | jiàoxùn | gūjì

生词复习 (生詞複習)

- 绝对 | 絕對 | juéduì | absolute; absolutely | 第五、六课
- 解决 | 解決 | jiějué | to solve | 第四、五、六课
- 办公室 | 辦公室 | bàngōngshì | office |
- 简直 | 簡直 | jiǎnzhí | simply | 第五课
- 主管 | 主管 | zhǔguǎn | supervisor | 第二课
- 害怕 | 害怕 | hàipà | to be afraid | 第五课
- 陪 | 陪 | péi | accompany | 第二课
- 过分 | 過分 | guòfèn | excessive | 见口语用法
- 小心 | 小心 | xiǎoxīn | careful |
- 动手动脚 | 動手動腳 | dòng shǒu dòng jiǎo | to harass by touching the body |
- 忍受 | 忍受 | rěnshòu | to endure | 第二课
- 保护 | 保護 | bǎohù | to protect | 第五课
- 年纪 | 年紀 | niánjì | age |
- 娶 | 娶 | qǔ | to marry (a woman) | 第二课

- 教授 | 教授 | jiàoshòu | professor | 第五课
- 支持 | 支持 | zhīchí | to support | 第五课
- 一向 | 一向 | yīxiàng | always | 第三课
- 严格 | 嚴格 | yángé | strict | 第三课
- 传统 | 傳統 | chuántǒng | traditional | 第二、六课
- 责任 | 責任 | zérèn | responsibility | 第三课

- 主意 | 主意 | zhǔyì | idea

根据对话三回答问题:

- 哥哥怎么知道妹妹可能有麻烦?
- 妹妹的麻烦事是什么?她哥哥知道以后说什么?他想怎么帮妹妹?
- 妹妹觉得应该怎么办?哥哥觉得妹妹的主意怎么样?

你的看法

- 如果你的办公室同事总是对你说一些不三不四的话,甚至动手动脚,你会怎么做?你觉得告诉主管是一个好办法吗?为什么?
- 如果你是办公室的主管,当你听到办公室里有个色鬼,你会怎么做?

(繁體 Traditional characters)
根據對話三回答問題:
- 哥哥怎麼知道妹妹可能有麻煩?
- 妹妹的麻煩事是什麼?她哥哥知道以後說什麼?他想怎麼幫妹妹?
- 妹妹覺得應該怎麼辦?哥哥覺得妹妹的主意怎麼樣?
你的看法
- 如果你的辦公室同事總是對你說一些不三不四的話,甚至動手動腳,你會怎麼做?你覺得告訴主管是一個好辦法嗎?為什麼?
- 如果你是辦公室的主管,當你聽到辦公室裡有個色鬼,你會怎麼做?

听力生词 (聽力生詞) Dialogue Vocabulary

1. 妻子 | 妻子 | qīzi | wife |
2. 岳母 | 岳母 | yuèmǔ | mother-in-law (wife's mother)
3. 织 | 織 | zhī | to knit; to weave | 织毛衣/这件衣服是用丝织的。 (織毛衣/這件衣服是用絲織的。)(丝/絲 sī: silk)
4. 闷 | 悶 | mèn | boring; stuffy; suffocative (mēn) | 连一个说话的人都没有，真是闷死我了。/这工作太闷，我干不下去了！/ 请把窗户打开，屋子里太闷(mēn)了。 (連一個說話的人都沒有，真是悶死我了。/這工作太悶，我干不下去了！/ 請把窗戶打開，屋子裡太悶(mēn)了。)
   (窗戶 chuānghù: window)
5. 单位 | 單位 | dānwèi | unit (as an organization, department, division, section, etc) 工作单位/学术单位/环保单位(工作單位/学术單位/環保單位)(学术/學術 xuéshù: academic, 环保/環保 huánbǎo: environmental protection)
6. 退休 | 退休 | tuìxiū | to retire | 退休年龄/退休生活/退休计划/退休金 (退休年齡/退休生活/退休計劃/退休金) (年龄/年齡 niánlíng: age, 计划/計劃 jìhuà: plan)
7. 下岗 | 下崗 | xiàgǎng | to be laid-off from a unit |他才上岗工作不到一年，单位就让他下岗了。 (他才上崗工作不到一年,單位就讓他下崗了。)
8. 逃犯 | 逃犯 | táofàn | escaped criminal; fugitive | 一名逃犯/警察抓逃犯 (一名逃犯/警察抓逃犯) (警察 jǐngchá: policeman)
9. 高个儿 | 高個兒 | gāogèr | a tall person；个儿/个子 = height of a person | 那个高个儿是谁？/他个子不高。 (那個高個兒是誰？/他個子不高。)
10. 秃顶 | 禿頂 | tūdǐng | bald; bald-headed | 他秃顶了。/他是一个秃顶的中年人。/他的头秃得很厉害。 (他禿頂了。/他是一個禿頂的中年人。/他的頭禿得很厲害。) (厉害/厲害 lìhài: severe)
11. 果然 | 果然 | guǒrán | as expected | 見語法 See Reading and Discussion
12. 躲 | 躲 | duǒ | to hide; to dodge; to avoid | 快躲起来，别让他看见我们。/他在房间里躲着不愿意见人。/小孩子喜欢躲在床下。/ 我很生气，把书扔向他的头，可是他躲过了。 (快躲起來，別讓他看見我們。

/他在房间里躲着不愿意见人。/小孩子喜欢躲在床下。/ 我很生氣，把書扔向他的頭，可是他躲過了。) (扔 rēng: to throw)

13. 抓 | 抓 | zhuā | to seize; to grab | 警察抓小偷/你抓好，别放手。/他被抓住，逃不掉了。(警察抓小偷/你抓好，別放手。/他被抓住，逃不掉了。) (小偷 xiǎotōu: thief)

14. 发呆 | 發呆 | fādāi | to stare blankly; to daze off | 他不说话，坐在那里发呆。/他发了半天呆。/你吃饭啊!发什么呆啊？(他不說話，坐在那裡發呆。/他發了半天呆。/你吃飯啊!發什麼呆啊？)

15. 心事 | 心事 | xīnshì | sth. weighing on one's mind; a load on one's mind | 你看起来好像有心事。/我把我的心事告诉了妈妈。(你看起來好像有心事。/我把我的心事告訴了媽媽。)

16. 估计 | 估計 | gūjì | to estimate; to evaluate; estimation | 我估计做完这个工作需要三天。/我估计他今天不来了。/我估计了一下，下学期上这门课的学生会超过二十人。/你的估计不对。(我估計做完這個工作需要三天。/我估計他今天不來了。/我估計了一下，下學期上這門課的學生會超過二十人。/你的估計不對。) (超过/超過 chāoguò: to surpass, 第五课)

17. 叹气 | 嘆氣 | tànqì | to sigh | 她长长地叹了一口气。/别叹气，你把你的好运都叹没了。(她長長地嘆了一口氣。/別嘆氣，你把你的好運都嘆沒了。) (好运/好運 hǎo yùn: good luck)

18. 时髦 | 時髦 | shímáo | stylish; fashionable | 时髦女性/时髦人物/这种打扮不时髦了。(時髦女性/時髦人物/這種打扮不時髦了。) (女性 nǚxìng: female, 第二课, 打扮 dǎbàn: to dress up)

19. 马虎 | 馬虎 | mǎhu | too casual; careless |他穿得太马虎了！/你这功课写得太马虎了，回去再写一次！/他做事情很马虎，不是忘这个，就是忘那个。(他穿得太馬虎了！/你這功課寫得太馬虎了，回去再寫一次！/他做事情很馬虎，不是忘這個，就是忘那個。)

20. 胡思乱想 | 胡思亂想 | húsī luànxiǎng | to let one's mind wander; to let one's imagination run wild; to have fantasies | 先生回来晚了，她就开始担心，开始胡思乱想。/你别胡思乱想，他怎么可能是逃犯呢？(先生回來晚了，她就開始擔心，開始胡思亂想。/你別胡思亂想，他怎麼可能是逃犯呢？)

21. 色鬼 | 色鬼 | sèguǐ | lady-killer; pervert | 他是个色鬼，一天到晚想着和女孩子上床的事。(他是個色鬼，一天到晚想著和女孩子上床的事。)

22. 警告 | 警告 | jǐnggào | to warn; to caution; warning; | 医生警告病人不要喝酒。/ 老师警告我不能再迟到了。/ 你警告他几句就行了，别真打他。/如果那时他听了爸妈的警告就不会出事了。(醫生警告病人不要喝酒。/ 老師警告我不能再遲到了。/ 你警告他幾句就行了，別真打他。/如果那時他聽了爸媽的警告就不會出事了。) (迟到/遲到 chídào: to be late)

23. 皱眉头 | 皺眉頭 | zhòu-méitóu | to frown | 一听到这事，他就皱起眉头来。/他向我皱了一下眉头。(一聽到這事，他就皺起眉頭來。/他向我皺了一下眉頭。)

24. 不三不四 | 不三不四 | bùsānbúsì | improper | 她交了一群不三不四的朋友，又吸烟又喝酒的。/你穿的这是什么衣服? 不男不女，不三不四的!/他总爱说些不三不四的话，真让人听不下去。(她交了一群不三不四的朋友，又吸煙又喝酒的。/你穿的這是什麼衣服? 不男不女，不三不四的!/他總愛說些不三不四的話，真讓人聽不下去。) (群 qún: group, 吸烟/吸煙 xīyān: to smoke)

25. 教训 | 教訓 | jiàoxun | to teach sb. a lesson; a lesson | 给那老色鬼一点教训。/ 教训教训那色鬼。/他把过去的教训告诉我, 让我避免发生同样的事情。(給那老色鬼一點教訓。/ 教訓教訓那色鬼。/他把過去的教訓告訴我, 讓我避免發生同樣的事情。) (避免 bìmiǎn: to avoid , 第五課)

课后练习 (課後練習)：Go to workbook for exercises II-1. 听力生词 (聽力生詞) and IV-1 汉字部件:a. 听力生词 (漢字部件: 聽力生詞)

口语用法 (口語用法) Oral Expressions

1. A: 不是我妈，是我妻子她妈，我岳母。

    B: 噢，是你岳母

("**噢**" is a modal particle used to express how one now has the correct information after being wrong or confused at the outset. It is pronounced like "aw" in "law" with a soft lengthened a rising-falling tone or falling tone. The Pinyin is "o". The character can be "喔" or "哦").

    A: 你为什么那么着急？晚会八点才开始。
    B: **噢**，我以为六点就开始了。
    A: Why are you in such a hurry? The party won't start till 8:00pm.
    B: Oh, I thought it starts at 6:00pm.

    A: 很奇怪，我给那些村民发送艾滋病防治手册的时候，他们都把它扔在地上，好像很害怕的样子。
    B: 你不知道，这些村民以为艾滋病一定跟色情行业有关系。
    A: **噢**。
    A: How strange. When I distributed the AIDS prevention and control handbooks to those villagers, they all threw them on the ground, seeming as if scared.
    B: You don't understand. These villagers think AIDS is always associated with prostitution.
    A: Oh, I see.

(繁體 Traditional characters: A: 不是我媽，是我妻子她媽，我岳母。B: 噢，是你岳母。
/ A: 你為什麼那麼著急？晚會八點才開始。B: 噢，我以為六點就開始了。/ A: 很奇怪，我給那些村民發送艾滋病防治手冊的時候，他們都把它扔在地上，好像很害怕的樣子。
B: 你不知道，這些村民以為愛滋病一定跟色情行業有關係。A: 噢。)

例句 生词复习/ 生詞複習 :(第一课，第五课)
村民 | 发送 | 艾滋病 | 防治 | 手册 | 扔 | 色情行业
村民 | 發送 | 愛滋病 | 防治 | 手冊 | 扔 | 色情行業
cūnmín | fāsòng | àizībìng | fángzhì | shǒucè | rēng | sèqíng hángyè

2. 她**都**已经 50 多岁了，现在不工作，算是退休，不算是下岗。
("**都**" can be used in a pattern of "都…了" meaning "already". It implies that the speaker thinks it is too late, too long, too old, too much, etc. It conveys a strong personal view. This pattern is often followed by a rhetorical question. "都…了" can be used in conjunction with "已经". "都" is usually pronounced lightly).

    你**都**已经买了三套(tào)这样的衣服了，怎么还买？

You've already bought three sets of these kinds of clothes, why are you still buying it?

我**都**告诉过你不要迷信了，你竟然还因为是十三号就不去！
I already told you before not to be superstitious. How can you still not go because it's on the 13th?

(繁體 Traditional characters: 她都已經 50 多歲了，現在不工作，算是退休，不算是下崗。/ 你都已經買了三套這樣的衣服了，怎麼還買？/ 我都告訴過你不要迷信了，你竟然還因為是十三號就不去！)

3. ...，**要说下岗嘛**，他们单位里...，他们才算是下岗。
("要说" means "as to, as for" in a conversation. It can be followed by a word, a phrase or sentence to introduce another topic or an aspect related to the previous topic. The comment on the topic is stated in the following clause. "要说" can be used with "嘛" as well. "嘛"is a modal particle used to indicate a pause within a sentence to draw attention).

城市里的人已经有了一些环境保护的观念，**要说**农村人**嘛**，他们还需要一些时间。

People in the city already have some concept of environmental protection, but as to people living in rural areas, they still need time to learn.

他篮球打得很好，**要说**足球**嘛**，他弟弟比他强多了。
He is very good at basketball, but as for soccer, his younger brother is much better at it.

他的性格是很开朗，但**要说**他聪明**嘛**，我真看不出来。
He does have a pleasant and outgoing personality, but as for smartness, I really can't tell.

(繁體 Traditional characters: ...，要說下崗嘛，他們單位裡...，他們才算是下崗。/ 城市裡的人已經有了一些環境保護的觀念，要說農村人嘛，他們還需要一些時間。/ 他籃球打得很好，要說足球嘛，他弟弟比他強多了。/ 他的性格是很開朗，但要說他的聰明嘛，我真看不出來。)

4. **又不是**卖毛衣赚钱，织那么多毛衣，给谁穿啊？
(By using "又" in front of 不 or 没, the following interrogative sentence becomes rhetorical question. The speaker indicates that because of such a fact, the conclusion can only follow).

只要每天高高兴兴的，贫穷一点**又**有什么关系？
As long as you are happy every day, where's the harm in being poor?

申请这个大学的竞争**又不**激烈，你根本不需要紧张。

The competitiveness of applying to this university isn't intense anyway. I don't think you need to be nervous.

(繁體 Traditional characters: 又不是賣毛衣賺錢，織那麼多毛衣，給誰穿啊？/ 只要每天高高興興的，貧窮一點又有什麼關係？/申請這個大學的競爭又不激烈，你根本不需要緊張。)

3-4 例句 生词复习/ 生詞複習 ：(第一课，第三课, 第五课)
环境 | 保护 | 农村 | 开朗 | 赚钱 | 贫穷 | 申请 | 竞争 | 激烈 | 根本
環境 | 保護 | 農村 | 開朗 | 賺錢 | 貧窮 | 申請 | 競爭 | 激烈 | 根本
huánjìng | bǎohù | nóngcūn | kāilǎng | zhuànqián | pínqióng | shēnqǐng | jìngzhēng | jīliè | gēnběn

5. 我**不是**告诉过你**吗**，他是个秃顶的瘦老头。
("我不是告诉过你" means "didn't I tell you?" You may insert a sentence between "我不是告诉过你" and "吗". When you say it, you indicate the displeasure aroused by not having listened to you earlier).

    我不是告诉过你你赢不了他的**吗**？可你还要跟他比！
    Haven't I told you that you can't beat him? But you still wanted to compete with him.

    我不是告诉过你这个组织的合法性还有争议**吗**？你为什么还要加入呢？
    Didn't I tell you that there is still some controversy over the legitimacy of this organization? Why do you still want to join it?

(繁體 Traditional characters: 我不是告訴過你嗎，他是個秃頂的瘦老頭。/ 我不是告訴過你你贏不了他的嗎？可你還要跟他比！/ 我不是告訴過你這個組織的合法性還有爭議嗎？你為什麼還要加入呢？)

6．他是逃犯，我们是警察，我们**干吗**躲啊？ ("干吗" (also written as 干嘛) is a colloquial way to say "why." It is used in front of a verb or at the end of the sentence. When you use "干吗", you are not only asking for the reason, you are also indicating that you disagree with the thing you are questioning. It is similar to "干什么"，especially when used at the end of the sentence. "干什么" means "what are/is you/[subject] doing?").

    你不支持他的台独想法，**干吗**选他当总统呢？
    You don't support his pro-independence ideas, so why did you give him your vote for president?

    那些农民**干吗**靠卖血赚钱呢?
    What are those peasants doing selling their blood for money?

    你**干吗**在我的桌子上学习？
    Why are you studying on my desk?

去公园，穿那么正式**干什么**？

You are going to the park. What are you doing for dressing up so formally like that?

(繁體 Traditional characters: 他是逃犯，我們是警察，我們幹嘛躲啊？ /你不支持他的台獨想法，幹嘛選他當總統呢？ / 那些農民幹嘛嗎靠賣血賺錢呢?/ 你幹嘛嗎在我的桌子上學習？ / 去公園，穿那麼正式幹什麼？)

5-6 例句 生词复习/ 生詞複習 :(第二課, 第五课)
赢 | 组织 | 合法 | 争议 | 支持 | 总统
yíng | zǔzhī | héfǎ | zhēngyì | zhīchí | zǒngtǒng

7．**走，**现在就去抓他去。

("走" at the beginning of the sentence is part of an imperative structure meaning "Let's go; come on". We can use "吧" after "走" to soften the tone).

> **走，**我们喝酒去！
> Come on, let's get some drink.

> **走，**我们去买那本畅销书去！
> Let's go buy the best-selling book.

> **走吧，**该去取行李了。
> Let's go. It's time we should get the luggage.

(繁體 Traditional characters: 走，現在就去抓他去。/ 走，我們喝酒去！/ 走，我們去買那本暢銷書去！/ 走吧，該去取行李了。)

例句 生词复习/ 生詞複習 (第三課)
畅销 暢銷 chàngxiāo

8．**别急，**我们先躲着。

("别急" means "no hurry", "hold on", or "don't worry", depending on the context. In this sample sentence, it means "hold on". The speaker suggests that they should hide a little longer before taking any action).

> A: 哎呀，我得赶快去发送这些手册。
> B: **别急，**你不是说是八点吗？你还有二十分钟呢。
> A: Oh, I have to go and distribute these handbooks as soon as possible.
> B: No hurry. Didn't you say it's 8 o'clock? You still have twenty minutes.

> A: 我现在把鸡蛋放进去？
> B: **别急，**等油再热一点。

A: Do I put the egg in now?
B: Hold on, wait till the oil is a little bit hotter.

A: 我爸爸反对我加入学校的足球队。怎么办？
B: **别急**，我们找机会跟他好好谈谈。

A: My dad was opposed to me joining the school's football team. What can I do?
B: Don't worry. We can find a chance to have a talk with him.

(繁體 Traditional characters: 別急，我們先躲着。/ A: 哎呀，我得趕快去發送這些手冊。B: 別急，你不是說是八點嗎？你還有二十分鐘呢。/ A: 我現在把雞蛋放進去？ B: 別急，等油再熱一點。/ A: 我爸爸反對我加入學校的足球隊。怎麼辦？B: 別急，我們找機會跟他好好談談。)

9．什么？**这老东西**！简直不想活了？
("东西" means "stuff", but when you say a person or an animal is "XX 东西", you are cursing them. Saying "sb 不是东西", "sb 不是好东西" or "sb 是什么东西" are all cursing. "这老东西" is used to curse old people).

你是**什么东西**！
Who do you think you are?

小李真**不是个东西**。我帮他那么多次，他这次竟然不愿意帮我。
Xiao Li is such a jerk. I helped him so many times, and this time he surprisingly was unwilling to help me.

(繁體 Traditional characters: 什麼？這老東西！簡直不想活了？/ 你是什麼東西！/ 小李真不是個東西。我幫他那麼多次，他這次竟然不願意幫我。)

10．**太过分了**，这个老色鬼，你可要小心，不能马虎啊。
("太过分了" means "goes too far". It is used to show one's anger when something has gone wrong and far beyond what he or she can endure.)

他们为什么不批准我的申请？真是**太过分了**！
Why didn't they approve my application? They've gone too far!

太过分了！你怎么能用那种态度跟父母说话？
I can't stand it! How can you speak to your parents with that kind of attitude?

(繁體 Traditional characters: 太過分了，這個老色鬼，你可要小心，不能馬虎啊。/ 他們為什麼不批准我的申請？真是太過分了！/ 太過分了！你怎麼能用那種態度跟父母說話？)

11. 现在他只是对你说些不三不四的话，以后很可能就对你动手动脚**什么的**。
("什么的" can be used after a noun phrase or a verb phrase to mean "anything like that").

这个孩子缺乏独立性。每次出去不是生病就是丢东西**什么的**。
This child isn't very independent. Each time he is away from home, he will get sick, or lose his stuff or something like that.

你别给我皱眉头**什么的**。来，笑一个！
Don't frown or do anything like that. (It will upset me). Come on, Smile!

你看，那个秃顶的老头儿会不会是逃犯什么的？
Do you think the bald, old guy could be an escaped convict or something like that?

(繁體 Traditional characters: 现在他只是對你說些不三不四的話，以後很可能就對你動手動腳什麼的。/ 這個孩子缺乏獨立性。每次出去不是生病就是丢東西什麼的。/ 你別給我皺眉頭什麼的。來, 笑一個! / 你看，那個禿頂的老頭兒會不會是逃犯什麼的？)

12. 你不能再**忍受下去**了。
("Verb+下去" is used to indicate the continuation of the action. If there is an object of the verb, the object will be introduced in the first part of the sentence. "得" and "不" can be used between the verb and "下去" to form a potential complement structure). See also 第六课 再这么 Verb 下去，第三课 "这样下去"。

该怎么处罚他，大家争议太多，**讨论不下去**了。
There is too much controversy regarding the punishment for him; the discussion can't be continued.

这孩子不但笨，而且对功课一点也不在乎，我实在**教不下去**了。
This child is not only stupid, but also does not care at all about his homework. I really can't keep tutoring him.

这么吵，你怎么**看得下去**？
It's so noisy, how can you continue reading?

(繁體 Traditional characters: 你不能再忍受下去了。/ 該怎麼處罰他，大家爭議太多，討論不下去了。/ 這孩子不但笨，而且對功課一點也不在乎，我實在教不下去了。/ 這麼吵，你怎麼看得下去？)

例句 生词复习/ 生詞複習 (第二課)
处罚 处罚 chǔfá

课后练习(課後練習) Go to Workbook for exercises: I-1. 听力与口语用法 (聽力與口語用法) and I-2. 口语用法填空(口語用法填空)

口语练习 (口語練習) Oral Practice

Use the oral expressions you learned for the role-play discussion

噢！　/都...了/　　要说...嘛/　　我不是告诉过你(...)吗？/
干吗/　...什么的/　走，(我们)+VP+去！/　别急
太过分了！/　　不是什么好东西/　VP+下去

1.　A—你是单位主管，你得让一个四十五岁的工人知道他明天得下岗。
B—你是得下岗的工人。你希望主管能改变决定。

2. 你们是对话二里的警察，你们讨论要怎么样抓到逃犯。

3. A—你是对话三里的妹妹，你要告诉老板关于老张的事。B—你是老板，
老张是你的好朋友。你和他一样是个色鬼。

(繁體 Traditional characters)

噢！　/都...了/　　要說...嘛/　　我不是告訴過你(...)嗎？/
幹嘛/　...什麼的/　走，(我們)+VP+去！/　别急
太過分了！/　　不是什麼好東西/　VP+下去

1.　A—你是單位主管，你得讓一個四十五歲的工人知道他明天得下崗。
B—你是得下崗的工人。你希望主管能改變決定。

2. 你們是對話二裡的警察，你們討論要怎麼樣抓到逃犯。

3. A—你是對話三裡的妹妹，你要告訴老闆關於老張的事。B—你是老闆，
老張是你的好朋友。你和他一樣是個色鬼。

听力文本 (聽力文本) Dialogue Transcripts

对话一
A. (女)小张，听说你妈最近下岗不工作了？
B. 不是我妈，是我妻子她妈，我岳母。
A. 噢，是你太太的母亲啊。
B. 对，她都已经50多岁了，现在不工作，算是退休，不算是下岗。要说下岗嘛，我哥哥有几个三十多岁的同事，因为单位的一次大改革没了工作，他们才算是下岗。
A. 那你哥哥没受影响吧。
B. 他还好，在单位留了下来。要不，做到三四十岁，工作突然就丢了，再找很难啊！
A. 是啊。现在企业竞争很激烈，很多国家单位不得不改革，让一部分职工下岗。你岳母能在单位里顺利做到退休也真是不容易。
B. 是啊。
A. 那她退休后做些什么呢？
B. 她喜欢织毛衣。退休三个月以来，她已经织了七八件毛衣了。
A. 又不是卖毛衣赚钱，织那么多毛衣，给谁穿啊？
B. 有的给我岳父穿，有的给她孙子、孙女穿。有时候也把织好的毛衣当生日礼物送给朋友。
A. 每天都在家里头织毛衣，多无聊啊。
B. 不，她不在家里织，家里没有人说话，太闷。她喜欢到公园里织，公园里人多、热闹。她喜欢在公园一边织毛衣，一边看别人打太极拳。

对话二
A. 你说的逃犯是坐着的那个，还是站着的那个？
B. 坐着的那个，我不是告诉过你吗，是个秃顶的瘦老头。你看坐着的没有头发，站着的头发还多着呢。

A. 但你说是个高个，我看坐着的那个秃顶的老头不太高啊？
B. 他坐着你怎么看得出来他个子有多高？等一会他站起来你就知道了。
A. 这个逃犯可真厉害，杀了人竟然还敢在公园里玩，也不担心我们警察抓到他。
B. 可不是嘛，犯这么大的罪，还坐在公园里轻松，抓到他以后一定要好好处罚他。
A. 看，他站起来了，嗯，果然是个高个儿。不过他不瘦啊，你看肚子那么大。他好像要走过来了，我们快躲起来，不要让他看到我们。
B. 躲哪儿？
A. 就躲在前面这棵树后面。
B. 等等，他是逃犯，我们是警察，我们干吗躲啊？走，现在就去抓他去。
B. 别急，我们先躲着，等他过来了，我们再突然出来把他抓住。
A. 好，就按照你说的做。这次他一定跑不了。

对话三
A. 妹妹，你怎么一个人坐在这里发呆啊？哦，还皱着眉头，有什么心事啊？
B. 哎…
A. 别叹气，告诉哥哥发生什么事了？我绝对能帮你解决。
B. 你记得我们办公室的那个老张吧？
A. 就是那个秃顶老张，他怎么了？
B. 他最近总对我说些不三不四的话。
A. 哦，他说了些什么？

B. 他说我穿的衣服不够时髦，少穿一些，看起来会更性感。

A. 什么？这老东西！简直不想活了？

B. 每天我们主管一走，他就迫不及待地跑来跟我说话。问我晚上一个人睡害不害怕？要不要人陪？

A. 太过分了，这个老色鬼，你可要小心，不能马虎啊。现在他只是对你说些不三不四的话，以后很可能就对你动手动脚什么的。

B. 是啊，刚开始，我以为没什么，是自己胡思乱想。可是他越来越过分，现在我一看到他就害怕。

A. 你不能再忍受下去了，你警告他，要是他再说一些不三不四的话，你老哥我就去教训他。

B. 我不敢，我看还是先告诉我们主管，我估计，主管知道以后会保护我，帮我解决这个问题。

A. 你们主管是男的还是女的？多大年纪？

B. 男的，四十岁左右，刚娶了一个大学教授。

A. 你估计他会支持你吗？

B. 他一向比较严格，也很传统，很有责任心，我想他会支持我的。

A. 那好吧，你明天就告诉主管，看来老张这个老色鬼得再找工作了。

(繁體 Traditional characters)
對話一
A. (女)小張，聽說你媽最近下崗不工作了？

B. 不是我媽，是我妻子她媽，我岳母。

A. 噢，是你太太的母親啊。

B. 對，她都已經50多歲了，現在不工作，算是退休，不算是下崗。要說下崗嘛，我哥哥有幾個三十多歲的同事，因為單位的一次大改革沒了工作，他們才算是下崗。

A. 那你哥哥沒受影響吧。

B. 他還好，在單位留了下來。要不，做到三四十歲，工作突然就丟了，再找很難啊！

A. 是啊。現在企業競爭很激烈，很多國家單位不得不改革，讓一部分職工下崗。你岳母能在單位里順利做到退休也真是不容易。

B. 是啊。

A. 那她退休后做些什麼呢？

B. 她喜歡織毛衣。退休三個月以來，她已經織了七八件毛衣了。

A. 又不是賣毛衣賺錢，織那麼多毛衣，給誰穿啊？

B. 有的給我岳父穿，有的給她孫子、孫女穿。有時候也把織好的毛衣當生日禮物送給朋友。

A. 每天都在家裡頭織毛衣，多無聊啊。

B. 不，她不在家裡織，家裡沒有人說話，太悶。她喜歡到公園裡織，公園裡人多、熱鬧。她喜歡在公園一邊織毛衣，一邊看別人打太極拳。

對話二
A. 你說的逃犯是坐着的那個，還是站着的那個？

B. 坐着的那個，我不是告訴過你嗎，是個禿頂的瘦老頭。你看坐着的沒有頭髮，站着的頭髮還多着呢。

A. 但你說是個高個兒，我看坐着的那個禿頂的老頭不太高啊？

B. 他坐着你怎麼看得出來他個子有多高？等一會他站起來你就知道了。

A. 這個逃犯可真厲害，殺了人竟然還敢在公園裡玩，也不擔心我們警察抓到他。

B. 可不是嘛，犯這麼大的罪，還坐在公園裡輕鬆，抓到他以後一定要好好處罰他。

A. 看，他站起來了，嗯，果然是個高個兒。不過他不瘦啊，你看肚子那麼大。他好像要走過來了，我們快躲起來，不要讓他看到我們。

B. 躲哪兒？

A. 就躲在前面這棵樹後面。

B. 等等，他是逃犯，我們是警察，我們幹嘛嗎躲啊？走，現在就去抓他去。

B. 別急，我們先躲着，等他過來了，我們再突然出來把他抓住。

A. 好，就按照你說的做。這次他一定跑不了。

對話三

A. 妹妹，你怎麼一個人坐在這裡發呆啊？哦，還皺着眉頭，有什麼心事啊？

B. 哎…

A. 別嘆氣，告訴哥哥發生什麼事了？我絕對能幫你解決。

B. 你記得我們辦公室的那個老張吧？

A. 就是那個禿頂老張，他怎麼了？

B. 他最近總對我說些不三不四的話。

A. 哦，他說了些什麼？

B. 他說我穿的衣服不夠時髦，少穿一些，看起來會更性感。

A. 什麼？這老東西！簡直不想活了？

B. 每天我們主管一走，他就迫不及待地跑來跟我說話。問我晚上一個人睡害不害怕？要不要人陪？

A. 太過分了，這個老色鬼，你可要小心，不能馬虎啊。現在他只是對你說些不三不四的話，以後很可能就對你動手動腳什麼的。

B. 是啊，剛開始，我以為沒什麼，是自己胡思亂想。可是他越來越過分，現在我一看到他就害怕。

A. 你不能再忍受下去了，你警告他，要是他再說一些不三不四的話，你老哥我就去教訓他。

B. 我不敢，我看還是先告訴我們主管，我估計，主管知道以後會保護我，幫我解決這個問題。

A. 你們主管是男的還是女的？多大年紀？

B. 男的，四十歲左右，剛娶了一個大學教授。

A. 你估計他會支持你嗎？

B. 他一向比較嚴格，也很傳統，很有責任心，我想他會支持我的。

A. 那好吧，你明天就告訴主管，看來老張這個老色鬼得再找工作了。

看小剧学动作动词 (看小劇學動作動詞) Skit and Action Verbs

教你打太极/教你打太極

Watch the video (available at www.mychinesclass.com/video) to learn the action verbs and then retell the story in your own words.

Notes:
- 动作/ 動作/ dòngzuò: movement; action
- 放松/ 放鬆/ fàngsōng: to relax
- 肩膀 / jiānbǎng: shoulders
- 手指/ shǒuzhǐ: fingers
- 呼吸/ hūxī: to breath; breathe
- 度 / dù/ degree
- 膝盖/ 膝蓋/ xīgài: knee
- 稍微/ shāowéi: slightly
- 手肘/shǒuzhǒu: elbow
- 手掌/ shǒuzhǎng: palm
- 手臂/ shǒubì: arm

动作动词用法/動作動詞用法

- 摇 | 搖 | yáo | 摇摇头/摇摇屁股/他怎么睡着了？你快摇摇她，把他摇醒。/妈妈抱着小宝宝，摇啊摇地，还轻轻地唱着歌。 (搖搖頭/搖搖屁股/他怎麼睡著了？你快搖搖她，把他搖醒。/媽媽抱着小寶寶，搖啊搖地，還輕輕地唱著歌。)
- 转 | 轉 | zhuǎn | 向左转/向右转/往前转/往后转/ 轮子转个不停/后来，人们知道，不是太阳在转，是地球在转。 (向左轉/向右轉/往前轉/往後轉/ 輪子轉個不停/後來，人們知道，不是太陽在轉，是地球在轉。)
- 合 | 闔 | hé | 把书合上。/ 把手指先打开，然后合起来。/她笑得嘴都合不起来了。 (把書闔上/ 把手指先打開，然後合起來。/她笑得嘴都闔不起來了。)
- 吸 | 吸 | xī | 吸烟/ 别紧张，吸一口气。/ 这个城市的人们每天吸进的都是脏空气。 (吸煙/ 別緊張，吸一口氣。/ 這個城市的人們每天吸進的都是髒空氣。)
- 吐 | 吐 | tǔ | 吐气/ 吐舌头/她跑步的时候，用鼻子吸气，用嘴巴吐气。/ 那孩子把吃下去的药都吐出来了。(吐氣/吐舌頭 她跑步的時候，用鼻子吸氣，用嘴巴吐氣。/ 那 孩子把吃下去的藥都吐出來了。)
- 跨 | 跨 | kuà | 往前跨一步。/ 跨过一条小河/ 她用力一跳，跨上了马。/这辆自行车太高了，我跨不上。| 往前跨一步。/ 跨過一條小河/ 她用力一跳，跨上了馬。/這輛自行車太高了，我跨不上。/
- 弯 | 彎 | wān | 下了太多的雪，树枝都弯了。/ 东西掉到桌子下了，她弯腰去拿。| 下了太多的雪，樹枝都彎了。/ 東西掉到桌子下了。她彎腰去拿。

- 蹲 | 蹲 | dūn | 你蹲得不够低，再往下蹲一点。/ 没有小椅子可以坐，我就蹲着吧！/ 在中国，马桶有两种，一种是坐的，一种是蹲的。 | 你蹲得不夠低，再往下蹲一點。/ 沒有小椅子可以坐，我就蹲著吧！/ 在中國，馬桶有兩種，一種是坐的，一種是蹲的。
- 压 | 壓 | yā | 压花/ 孩子把拿到的红包压在枕头的下面。/ 你太重了，别压在我身上。/ 山上的石头掉了下来，压死了不少人。 | 壓花/ 孩子把拿到的紅包壓在枕頭的下面。/ 你太重了，別壓在我身上。/ 山上的石頭掉了下來，壓死了不少人。

Notes for the sample sentences:
- 屁股/ pìgu: butt
- 醒/ xǐng: awake
- 宝宝/ 寶寶/ bǎobǎo: baby
- 轮子/ 輪子/ lúnzi: wheel
- 太阳/ 太陽/ tàiyáng: sun
- 地球/ 地球/ dìqiú: Earth
- 烟/ 煙/ yān: cigarette; smoke (n.)
- 城市/chéngshì: city
- 脏/ 髒/ zāng: dirty
- 空气/ 空氣/ kōngqì: air
- 鼻子/ bízi: nose
- 嘴巴/ zuǐ ba: mouth
- 舌头/ 舌頭/ shétou: tongue
- 药/ 藥/ yào: medicine
- 河/ hé: river
- 辆/ 輛/ liàng: measure word for vehicles moved on wheels
- 自行车/ 自行車/ zìxíngchē: bicycle
- 掉/ diào: to fall
- 腰/ yāo: waist; lower back
- 马桶/ 馬桶/ mǎtǒng: toilet
- 枕头/ 枕頭/ zhěntou: pillow
- 石头/ 石頭/ shítou: stone

课后练习(課後練習) Go to Workbook for exercises: III. 动作动词填空 (動作動詞填空)

听力生词英文索引(聽力生詞英文索引)
Index of Listening Vocaburary in English

A

to accept; to take; to receive	接受	接受	jiēshòu	2
to accompany; to keep sb. company	陪	陪	péi	2
AIDS	艾滋病	愛滋病	àizībìng	5
all	所有	所有	suǒyǒu	4
to allow; to permit; permission	允许	允許	yǔnxǔ	5
to apply	申请	申請	shēnqǐng	3
as expected	果然	果然	guǒrán	7
to avoid; to prevent (something from happening)	避免	避免	bìmiǎn	5

B

bald; bald-headed	秃顶	禿頂	tūdǐng	7
ball game	球赛	球賽	qiú sài	1
ball player	球员	球員	qiúyuán	1
blood	血	血	xiě	5
boring; stuffy; suffocative (mēn)	闷	悶	mèn	7

C

car accident	车祸	車禍	chēhuò	1
too casual; careless	马虎	馬虎	mǎhu	7
to cause sb. a headache; knotty; bothersome	伤脑筋	傷腦筋	shāng	2
century	世纪	世紀	shìjì	2
chairman	主席	主席	zhǔxí	5
Chinese medicine	中医	中醫	zhōngyī	5
circle; ring	圈	圈	quān	6
circus	马戏团	馬戲團	mǎxì tuán	6
come from	来自	來自	láizì	1
to come off the press; to publish (of books)	出版	出版	chūbǎn	3
to compel; to force	逼	逼	bī	3
to compete; to vie for; competition	竞争	競爭	jìngzhēng	3
concept	观念	觀念	guānniàn	2
Confucianism	儒家	儒家	Rújiā	6
to control; to dominate; control (n.)	控制	控制	kòngzhì	2
to cultivate; to foster; to educate	培养	培養	péiyǎng	3
(currently)in operation	现行	現行	xiànxíng	6

D

to dislike; to be disgusted with	讨厌	討厭	tǎoyàn	3
dissatisfied; dissatisfaction	不满	不滿	bùmǎn	6
disturbed; unease	不安	不安	bù'ān	4

E

to elect; to select by vote; election	选举	選舉	xuǎnjǔ	5
to endure hardship	吃苦	吃苦	chīkǔ	3
environment; surroundings	环境	環境	huánjìng	5
equal; equality	平等	平等	píngděng	2
erotic; eroticism	色情	色情	sèqíng	2
escaped criminal; fugitive	逃犯	逃犯	táofàn	7
to estimate; to evaluate; estimation	估计	估計	gūjì	7
Europe	欧	歐	Ōu	4
as expected	果然	果然	guǒrán	7

F

to fall behind; backward; underdeveloped	落后	落後	luòhòu	5
fame	名气	名氣	míngqì	4
folk (adj.); nongovernmental	民间	民間	mínjiān	5
to frown	皱眉头	皺眉頭	zhòu-méitóu	7

G

game	游戏	遊戲	yóuxì	6
height of a person	个儿	個兒	gèr	7
gender / sex	性别	性別	xìngbié	2
generation	代	代	dài	4
to go away	出走	出走	chūzǒu	4

H

hard problem	难题	難題	nántí	4
harmonious	和谐	和諧	héxié	6
to have an abortion; abortion	堕胎	墮胎	duòtāi	2
to hide; to dodge; to avoid	躲	躲	duǒ	7
house price	房价	房價	fángjià	4
hygienic; sanitary hygiene; sanitation;	卫生	衛生	wèishēng	5

I

to immigrate, to emigrate; immigrant	移民	移民	yímín	4
improper	不三不四	不三不四	bùsānbúsì	7
to increase; to grow; growth	增长	增長	zēngzhǎng	2
industry; profession; vocation	行业	行業	hángyè	2
to infect, infection; to be infected with	感染	感染	gǎnrǎn	5
(currently)in operation	现行	現行	xiànxíng	6
intense; fierce; violent(ly)	激烈	激烈	jīliè	3
to knit; to weave	织	織	zhī	7

L

lady-killer; pervert	色鬼	色鬼	sèguǐ	7
to be laid-off from a unit	下岗	下崗	xiàgǎng	7
to let one's mind wander; to let one's imagination run wild; to have fantasies	胡思乱想	胡思亂想	húsī luànxiǎng	7
life	人生	人生	rénshēng	4
life, lifetime	一生	一生	yīshēng	1
luggage	行李	行李	xínglǐ	1
luxury home	豪宅	豪宅	háozhái	4

M

make money	赚钱	賺錢	zhuànqián	1
(said of a woman) to marry; to marry off	嫁	嫁	jià	2
to marry a woman; to take to wife	娶	娶	qǔ	2
measure word	场	場	chǎng	1
miserable	可悲	可悲	kěbēi	4
miss, yearn for	怀念	懷念	huáiniàn	1
mother-in-law (wife's mother)	岳母	岳母	yuèmǔ	7
movies and television	影视	影視	yǐngshì	4

N

naughty	顽皮	頑皮	wánpí	1

O

occupation, professional	职业	職業	zhíyè	1
to oppose; to be against; to object to	反对	反對	fǎnduì	2
ordinary	平凡	平凡	píngfán	4
orphan	孤儿	孤兒	gū'ér	1
the only child	独生子女	獨生子女	dúshēng zǐnǚ	2

160

otaku (men who are reluctant to step out the house)	宅男	宅男	zháinán	6
overseas	海外	海外	hǎiwài	4

P

to participate; participation	参与	參與	cānyù	6
to be particular about; to pay great attention to	讲究	講究	jiǎngjiu	2
to pass; by means of	通过	通過	tōngguò	5
pass away	去世	去世	qùshì	1
pervert; lady-killer;	色鬼	色鬼	sèguǐ	7
philosophy	哲学	哲學	zhéxué	6
policy	政策	政策	zhèngcè	2
poor, poverty	贫穷	貧窮	pínqióng	1
popular, fashionable	流行	流行	liúxíng	1
popular person; a favorite (person)	红人	紅人	hóng rén	4
population	人口	人口	rénkǒu	2
to predict; prediction	预测	預測	yùcè	6
to be or to become pregnant	怀孕	懷孕	huáiyùn	2
president (of a country)	总统	總統	zǒngtǒng	5
private tutor	家教	家教	jiājiào	3
proportion; ratio	比例	比例	bǐlì	2
to protect ; to defend; protection	保护	保護	bǎohù	5

R

race (N.)	种族	種族	zhǒngzú	6
reader (a person); readership	读者	讀者	dúzhě	3
recession	不景气	不景氣	bù jǐngqì	4
recover	恢复	恢復	huīfù	1
to relax; relaxed; light; calm	轻松	輕鬆	qīngsōng	3
to rent a house	租房	租房	zūfáng	4
to resist and to fight against; fight and resistance	抗争	抗爭	kàngzhēng	6
to restrict; restriction	限制	限制	xiànzhì	5
to retire	退休	退休	tuìxiū	7
returned overseas Chinese	海归	海歸	hǎiguī	4
to rise	升高	升高	shēng gāo	4

S

scholarship; fellowship	奖学金	獎學金	jiǎngxuéjīn	3
to seize; to grab	抓	抓	zhuā	7

self-confidence	自信	自信	zìxìn	4
selfish	自私	自私	zìsī	1
selfless	无私	無私	wúsī	1
to sell in high volume; best-selling	畅销	暢銷	chàngxiāo	3
gender / sex	性别	性別	xìngbié	2
sexy	性感	性感	xìnggǎn	2
to share; sharing	分享	分享	fēnxiǎng	6
to sigh	叹气	嘆氣	tànqì	7
silent, silence	沉默	沉默	chénmò	1
"spare the rod, spoil the child"	不打不成器	不打不成器	bùdǎ-bùchéngqì	3
to spoil; to pamper; pampering	娇惯	嬌慣	jiāoguàn	3
stable; steady	稳定	穩定	wěndìng	6
to stare blankly; to daze off	发呆	發呆	fādāi	7
to start a business; entrepreneurship	创业	創業	chuàngyè	4
to start from scratch; self-established	白手起家	白手起家	báishǒu	4
sth. weighing on one's mind; a load on one's mind	心事	心事	xīnshì	7
strong woman	女强人	女強人	nǚ qiángrén	2
stupid; foolish; clumsy	笨	笨	bèn	3
stylish; fashionable	时髦	時髦	shímáo	7
superstition; blind worship	迷信	迷信	míxìn	5
to support; to back	支持	支持	zhīchí	5

T

a tall person; 个儿/个子 = height of a person	高个儿	高個兒	gāogèr	7
to teach sb. a lesson; a lesson	教训	教訓	jiàoxun	7
the only child	独生子女	獨生子女	dúshēng zǐnǚ	2
the parent or guardian of a child	家长	家長	jiāzhǎng	3
the second generation of a wealthy family	富二代	富二代	fù èr dài	4
thought; thinking; idea	思想	思想	sīxiǎng	6
tradition; traditional	传统	傳統	chuántǒng	2
to treat disease; to cure illness	治病	治病	zhìbìng	5
to be unavoidable; bound to be	免不了	免不了	miǎn-bùliǎo	3

U

unfortunately, misfortune	不幸	不幸	bùxìng	1
unit (as an organization, department,	单位	單位	dānwèi	7

division, section, etc)

| unsociable; eccentric (a negative usage); introverted | 孤僻 | 孤僻 | gūpì | 3 |

V

to value the male child only; to prefer sons to daughters	重男轻女	重男輕女	zhòngnán qīngnǚ	2
video clip	视频	視頻	shìpín	6
villager	村民	村民	cūnmín	5
to vote; to cast a ballot	投票	投票	tóupiào	6

W

to warn; to caution; warning;	警告	警告	jǐnggào	7
well-known schools	名校	名校	míngxiào	3
wife	妻子	妻子	qīzi	7

听力生词拼音索引(聽力生詞拼音索引) Index of Listening Vocabulary in Pinyin

A

艾滋病	愛滋病	Àizībìng	AIDS	5
白手起家	白手起家	báishǒu	to start from scratch; self-established	4

B

保护	保護	bǎohù	to protect ; to defend; protection	5
笨	笨	bèn	stupid; foolish; clumsy	3
逼	逼	bī	to compel; to force	3
比例	比例	bǐlì	proportion; ratio	2
避免	避免	bìmiǎn	to avoid; to prevent (something from happening)	5
不景气	不景氣	bù jǐngqì	recession	4
不安	不安	bù'ān	disturbed; unease	4
不打不成器	不打不成器	bùdǎ-bùchéngqì	"spare the rod, spoil the child"	3
不满	不滿	bùmǎn	dissatisfied; dissatisfaction	6
不三不四	不三不四	bùsānbúsì	improper	7
不幸	不幸	bùxìng	unfortunately, misfortune	1

C

参与	參與	cānyù	to participate; participation	6
场	場	chǎng	measure word	1
畅销	暢銷	chàngxiāo	to sell in high volume; best-selling	3
车祸	車禍	chēhuò	car accident	1
沉默	沉默	chénmò	silent, silence	1
吃苦	吃苦	chīkǔ	to endure hardship	3
创业	創業	chuàngyè	to start a business; entrepreneurship	4
传统	傳統	chuántǒng	tradition; traditional	2
出版	出版	chūbǎn	to come off the press; to publish (of books)	3
出走	出走	chūzǒu	to go away	4
村民	村民	cūnmín	villager	5

D

| 代 | 代 | dài | generation | 4 |
| 单位 | 單位 | dānwèi | unit (as an organization, department, division, section, | 7 |

164

etc)

躲	躲	duǒ	to hide; to dodge; to avoid	7
堕胎	墮胎	duòtāi	to have an abortion; abortion	2
独生子女	獨生子女	dúshēng zǐnǚ	the only child	2
读者	讀者	dúzhě	reader (a person); readership	3

F

发呆	發呆	fādāi	to stare blankly; to daze off	7
反对	反對	fǎnduì	to oppose; to be against; to object to	2
房价	房價	fángjià	house price	4
分享	分享	fēnxiǎng	to share; sharing	6
富二代	富二代	fù èr dài	the second generation of a wealthy family	4

G

感染	感染	gǎnrǎn	to infect, infection; to be infected with	5
高个儿	高個兒	gāogèr	a tall person；个儿/个子 = height of a person	7
观念	觀念	guānniàn	concept	2
孤儿	孤兒	gū'ér	orphan	1
估计	估計	gūjì	to estimate; to evaluate; estimation	7
果然	果然	guǒrán	as expected	7
孤僻	孤僻	gūpì	unsociable; eccentric (a negative usage); introverted	3

H

海归	海歸	hǎiguī	returned overseas Chinese	4
海外	海外	hǎiwài	overseas	4
行业	行業	hángyè	industry; profession; vocation	2
豪宅	豪宅	háozhái	luxury home	4
和谐	和諧	héxié	harmonious	6
红人	紅人	hóng rén	popular person; a favorite (person)	4
怀念	懷念	huáiniàn	miss, yearn for	1
怀孕	懷孕	huáiyùn	to be or to become pregnant	2
环境	環境	huánjìng	environment; surroundings	5
恢复	恢復	huīfù	recover	1
胡思乱想	胡思亂想	húsī luànxiǎng	to let one's mind wander; to let one's imagination run wild; to have fantasies	7

165

J

嫁	嫁	jià	(said of a woman) to marry; to marry off	2
家教	家教	jiājiào	private tutor	3
讲究	講究	jiǎngjiu	to be particular about; to pay great attention to	2
奖学金	獎學金	jiǎngxuéjīn	scholarship; fellowship	3
娇惯	嬌慣	jiāoguàn	to spoil; to pamper; pampering	3
教训	教訓	jiàoxun	to teach sb. a lesson; a lesson	7
家长	家長	jiāzhǎng	the parent or guardian of a child	3
接受	接受	jiēshòu	to accept; to take; to receive	2
激烈	激烈	jīliè	intense; fierce; violent(ly)	3
警告	警告	jǐnggào	to warn; to caution; warning;	7
竞争	競爭	jìngzhēng	to compete; to vie for; competition	3
抗争	抗爭	kàngzhēng	to resist and to fight against; fight and resistance	6
可悲	可悲	kěbēi	miserable	4

K

控制	控制	kòngzhì	to control; to dominate; control (n.)	2

L

来自	來自	láizì	come from	1
流行	流行	liúxíng	popular, fashionable	1
落后	落後	luòhòu	to fall behind; backward; underdeveloped	5

M

马虎	馬虎	mǎhu	too casual; careless	7
马戏团	馬戲團	mǎxì tuán	circus	6
闷	悶	mèn	boring; stuffy; suffocative (mēn)	7
免不了	免不了	miǎn-bùliǎo	to be unavoidable; bound to be	3
名气	名氣	míngqì	fame	4
名校	名校	míngxiào	well-known schools	3
民间	民間	mínjiān	folk (adj.); nongovernmental	5
迷信	迷信	míxìn	superstition; blind worship	5
难题	難題	nántí	hard problem	4

女强人	女強人	nǚ qiángrén	strong woman	2

O

欧(洲)	歐(洲)	Ōu	Europe	4

P

陪	陪	péi	to accompany; to keep sb. company	2
培养	培養	péiyǎng	to cultivate; to foster; to educate	3
平等	平等	píngděng	equal; equality	2
平凡	平凡	píngfán	ordinary	4
贫穷	貧窮	pínqióng	poor, poverty	1

Q

轻松	輕鬆	qīngsōng	to relax; relaxed; light; calm	3
球赛	球賽	qiú sài	ball game	1
球员	球員	qiúyuán	ball player	1
妻子	妻子	qīzi	wife	7
娶	娶	qǔ	to marry a woman; to take to wife	2
圈	圈	quān	circle; ring	6
去世	去世	qùshì	pass away	1

R

人口	人口	rénkǒu	population	2
人生	人生	rénshēng	life	4
儒家	儒家	Rújiā	Confucianism	6

S

色鬼	色鬼	sèguǐ	lady-killer; pervert	7
色情	色情	sèqíng	erotic; eroticism	2
伤脑筋	傷腦筋	shāng	to cause sb. a headache; knotty; bothersome	2
升高	升高	shēng gāo	to rise	4
申请	申請	shēnqǐng	to apply	3
世纪	世紀	shìjì	century	2
时髦	時髦	shímáo	stylish; fashionable	7
视频	視頻	shìpín	video clip	6
思想	思想	sīxiǎng	thought; thinking; idea	6
所有	所有	suǒyǒu	all	4

T

叹气	嘆氣	tànqì	to sigh	7
逃犯	逃犯	táofàn	escaped criminal; fugitive	7
讨厌	討厭	tǎoyàn	to dislike; to be disgusted with; to be fed up with	3
通过	通過	tōngguò	to pass; by means of	5
投票	投票	tóupiào	to vote; to cast a ballot	6
秃顶	禿頂	tūdǐng	bald; bald-headed	7
退休	退休	tuìxiū	to retire	7

W

顽皮	頑皮	wánpí	naughty	1
卫生	衛生	wèishēng	hygienic; sanitary hygiene; sanitation;	5
稳定	穩定	wěndìng	stable; steady	6
无私	無私	wúsī	selfless	1

X

下岗	下崗	xiàgǎng	to be laid-off from a unit	7
现行	現行	xiànxíng	(currently)in operation	6
限制	限制	xiànzhì	to restrict; restriction	5
血	血	xiě	blood	5
性别	性別	xìngbié	gender (性 = sex)	2
性感	性感	xìnggǎn	sexy	2
行李	行李	xínglǐ	luggage	1
心事	心事	xīnshì	sth. weighing on one's mind; a load on one's mind	7
选举	選舉	xuǎnjǔ	to elect; to select by vote; election	5

Y

移民	移民	Yímín	to immigrate, to emigrate; immigrant	4
影视	影視	yǐngshì	movies and television	4
一生	一生	yīshēng	life, lifetime	1
游戏	遊戲	yóuxì	game	6
预测	預測	yùcè	to predict; prediction	6
岳母	岳母	yuèmǔ	mother-in-law (wife's mother)	7
允许	允許	yǔnxǔ	to allow; to permit; permission	5

Z

增长	增長	zēngzhǎng	to increase; to grow; growth	2
宅男	宅男	zháinán	otaku (men who are reluctant to step out the house)	6
政策	政策	zhèngcè	policy	2
哲学	哲學	zhéxué	philosophy	6
织	織	zhī	to knit; to weave	7
治病	治病	zhìbìng	to treat disease; to cure illness	5
支持	支持	zhīchí	to support; to back	5
职业	職業	zhíyè	occupation, professional	1
重男轻女	重男輕女	zhòngnán qīngnǚ	to value the male child only; to prefer sons to daughters	2
中医	中醫	zhōngyī	Chinese medicine (西医 =western medicine)	5
种族	種族	zhǒngzú	race (N.)	6
皱眉头	皺眉頭	zhòu-méitóu	to frown	7
抓	抓	zhuā	to seize; to grab	7
赚钱	賺錢	zhuànqián	make money	1
主席	主席	zhǔxí	chairman	5
自私	自私	zìsī	selfish	1
自信	自信	zìxìn	self-confidence	4
总统	總統	zǒngtǒng	president (of a country)	5
租房	租房	zūfáng	to rent a house	4

口语用法索引(口語用法索引)
Index of Oral Expressions

还好	A: 小丽的父母都在车祸中去世了，真是太不幸了，**还好**，小丽没事。	1
还是...好了	那她**还是**回来**好了**。	4
好吧	女儿:... 父亲:**好吧**，我这个星期六就跟你们一起打！	1
好在	**好在**我是美国人，**要不然**我爸爸妈妈就只有我哥哥，没有我了。	2
好几	他儿子也三十**好几**了吧！	4
话是没错	**话是没错**，但你给我再多钱，我也不愿意陪陌生男人跳舞，喝酒，睡觉。	2
话也不能这么说	**话也不能这么说**	4

J

就	二十分**就**二十分	1
就(是)	我早就告诉她爸爸喝了酒以后开车会出车祸，可是他**就是**不听。	1
就是(啊)！	A: 那这个地方的房价一定是越来越高了 B: **就是啊！**	4

K

看得上	你看那些女孩**看得上**老王家的孩子吗？	4
看来	**看来**印度也得学中国，开始独生子女政策**喽**。 嗯！你这个观念很有意思，**看来**你的书真的值得看**喽**。	2, 3
可	我跟你**可**不一样，我小时候整天又跑又跳的。	1
可不是吗	**可不是吗**，政府现在很重视这个问题，正在想办法帮助这些村民。	5

L

离不开.	民间环境保护活动**离不开**政府的支持.	5
喽	看来印度也得学中国，开始独生子女政策**喽**。	2

M

没什么大不了	上不了名校**没什么大不了的**？	3
没什么好 Verb 的	**没什么好 Verb 的** (没什么好看的)	6
免不了	小孩子哪有不想玩的？顽皮、不用功**是免不了的**。	3

N

哪	你看看我，都已经快五十岁了，**哪**还能打篮球**啊**？ 没钱**哪**还能谈创业呢？	1, 4
那当然	**那当然**，但我认为最重要的还是帮小丽再找一个家。	1
那也不至于	**那也不至于**	4
那怎么行	**那怎么行？**为了工作就不要孩子，这样的观念怎么能让人接受。	2
哪门子	这算**哪门子**的和谐？	6

难免	小孩子哪有不想玩的？顽皮、不用功**是难免的。**	3
难怪	**怪不得**大家叫你宅男	6
你说，	**你说**，在餐厅里做服务员的，一个月才能赚多少钱啊？	2

O

噢	A: 不是我妈，是我妻子她妈，我岳母。B: **噢**，是你岳母	7

Q

千万	老李，娶太太**千万**不能娶女强人。	2

R

人家	**人家**麦可乔丹打到三十多岁就不打了，你看看我，都已经快五十岁了，哪还能打篮球啊!	1

S

谁说	**谁说**我们小丽笨? 她还小。	3
什么	V **什么** O (呢)! (逛**什么**街呢)	6
什么的	现在他只是对你说些不三不四的话，以后很可能就对你动手动脚**什么的。**	7
什么跟什么嘛!	**什么跟什么嘛!** 穿红衣服能治病，这也太迷信了吧!	5
是 (X 是 X，可)	**没事是没事，可**她以后怎么办呢？	1
是不	电视上那个**是**老王的儿子**不**?	4
说真的	哎，我妈妈已经去世了，**说真的**，我好怀念她啊。	1
说白了	**说白了**	6
所以说嘛	**所以说嘛**，孩子小时候笨不见得就真的笨。	3

T

太过分了	**太过分了**，这个老色鬼，你可要小心，不能马虎啊。	7

W

我看	**我看**，你得跟你儿子他们好好说说。	2
我看不妙	**我看不妙**，...	4
我俩还客气什么。	不用谢，小华，我们俩**还客气什么**。	5

X

口語用法索引 (繁體字)

還是…好了	那她**還是**回來**好了**。	4
好吧	女兒:… 父親:**好吧**，我這個星期六就跟你們一起打！	1
好在	**好在**我是美國人，**要不然**我爸爸媽媽就只有我哥哥，沒有我了。	2
好幾	他兒子也三十**好幾**了吧！	4
話是沒錯	**話是沒錯**，但你給我再多錢，我也不願意陪陌生男人跳舞，喝酒，睡覺。	2
話也不能這麼說	**話也不能這麼說**	4

J

就	**二十分就二十分**	1
就(是)	我早就告訴她爸爸喝了酒以後開車會出車禍，可是他**就是**不聽。	1
就是(啊)！	A: 那這個地方的房價一定是越來越高了 B: **就是啊！**	4

K

看得上	你看那些女孩**看得上**老王家的孩子嗎？	4
看來	**看來**印度也得學中國，開始獨生子女政策**嘍**。 嗯！你這個觀念很有意思，**看來**你的書真的值得看嘍。	2, 3
可	我跟你**可**不一樣，我小時候整天又跑又跳的。	1
可不是嗎	**可不是嗎**，政府現在很重視這個問題，正在想辦法幫助這些村民。	5

L

離不開.	民間環境保護活動**離不開**政府的支持.	5
嘍	看來印度也得學中國，開始獨生子女政策**嘍**。	2

M

沒什麼大不了	上不了名校沒**什麼大不了的**?	3
沒什麼好 Verb 的	**沒什麼好 Verb 的** (沒什麼好看的)	6
免不了	小孩子哪有不想玩的？頑皮、不用功**是免不了的**。	3

N

哪	你看看我，都已經快五十歲了，**哪**還能打籃球**啊**？ 沒錢**哪**還能談創業呢？	1,4
那當然	**那當然**，但我認爲最重要的還是幫小麗再找一個家。	1
那也不至于	**那也不至于**	4
那怎麼行	**那怎麼行?** 爲了工作就不要孩子，這樣的觀念怎麼能讓人接受。	2
哪門子	這算**哪門子**的和諧？	6
難免	小孩子哪有不想玩的？頑皮、不用功**是難免的**。	3
難怪	**怪不得**大家叫你宅男	6

你說，	**你說**，在餐廳裡做服務員的，一個月才能賺多少錢啊？	2
O		
噢	A: 不是我媽，是我妻子她媽，我岳母。**B: 噢**，是你岳母	7
Q		
千萬	老李，娶太太**千萬**不能娶女强人。	2
R		
人家	**人家**麥可喬丹打到三十多歲就不打了，你看看我，都已經快五十歲了，哪還能打籃球啊！	1
S		
誰說	**誰說**我們小麗笨? 她還小。	3
什麼	V **什麼** O (呢)!（**逛什麼街**呢)	6
什麼的	現在他只是對你說些不三不四的話，以後很可能就對你動手動脚**什麼的**。	7
什麼跟什麼嘛!	**什麼跟什麼嘛!** 穿紅衣服能治病，這也太迷信了吧!	5
是 (X 是 X，可)	**沒事是沒事，可**她以後怎麼辦呢?	1
是不	電視上那個**是**老王的兒子**不**?	4
說真的	哎，我媽媽已經去世了，**說真的**，我好懷念她啊。	1
說白了	**說白了**	6
所以說嘛	**所以說嘛**，孩子小時候笨不見得就真的笨。	3
T		
太過分了	**太過分了**，這個老色鬼，你可要小心，不能馬虎啊。	7
W		
我看	**我看**，你得跟你兒子他們好好說說。	2
我看不妙	**我看不妙**，...	4
我倆還客氣什麼。	不用謝，小華，我們倆**還客氣什麼**。	5
X		
下去	**這樣下去**，中國的男女比例問題會越來越嚴重。	2
下去	(Verb 下去)你不能再**忍受下去**了。	7

176

些	自己的家**習慣些**	4

CPSIA information can be obtained
at www.ICGtesting.com
Printed in the USA
LVHW102300230719
625115LV00006B/105/P